ダイエット母さん、
最強5日間プログラムで
もっと脂肪を
ちぎり捨ててみた。

レシピ倍増編

ダイエット母さん
にーよん

KADOKAWA

いつもお世話になっております

「画面に物をのせないでください」
銀行のATMに注意され、
ふと目を下ろすとのっていたのは
自分の腹肉だった

にーよんです。

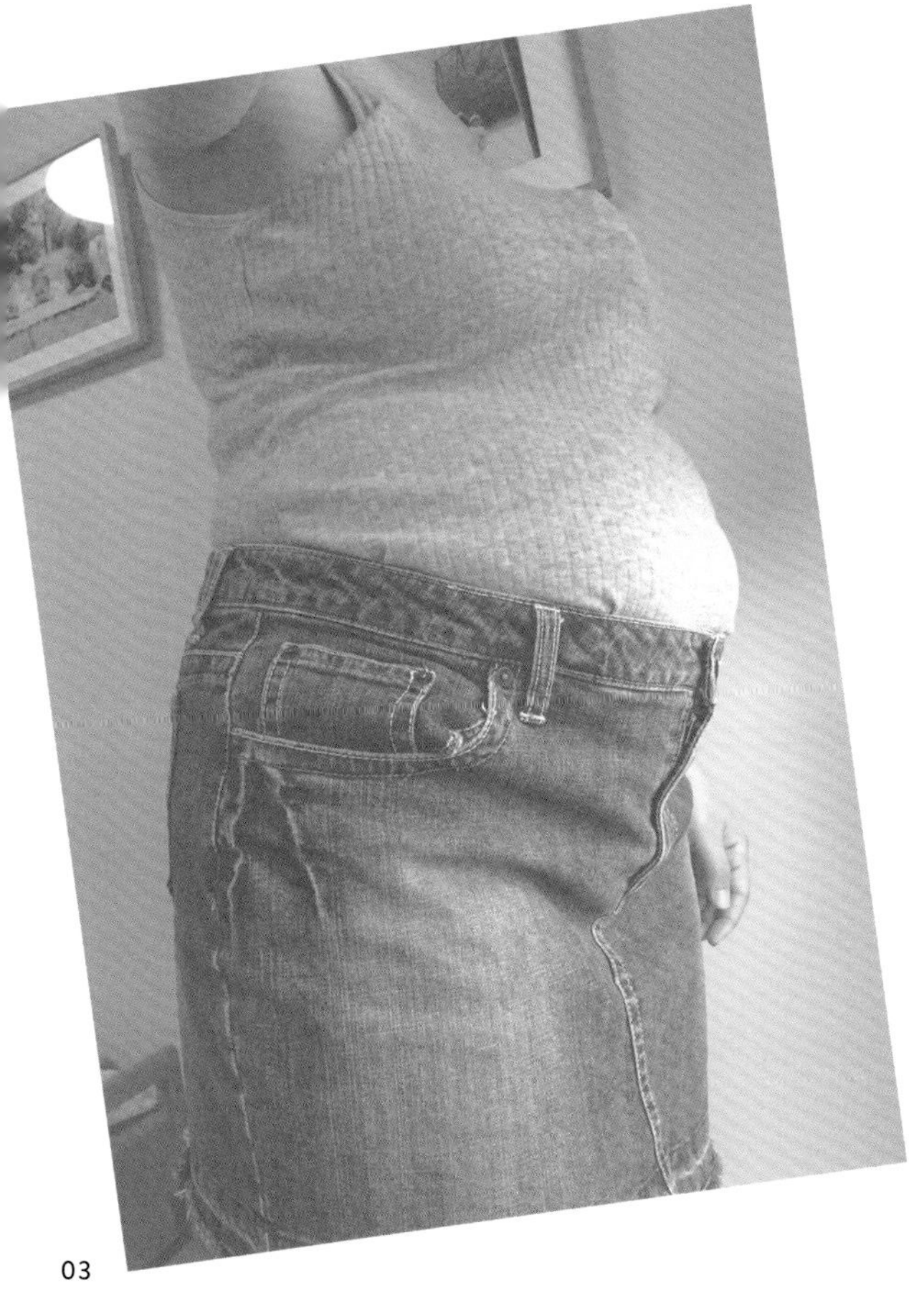

そんな衝撃の事件からダイエットを決意。
5人の子育てをしながらでも
できるダイエットを模索して1年。
20kg減のトランスフォームに成功いたしました。

これが、こう

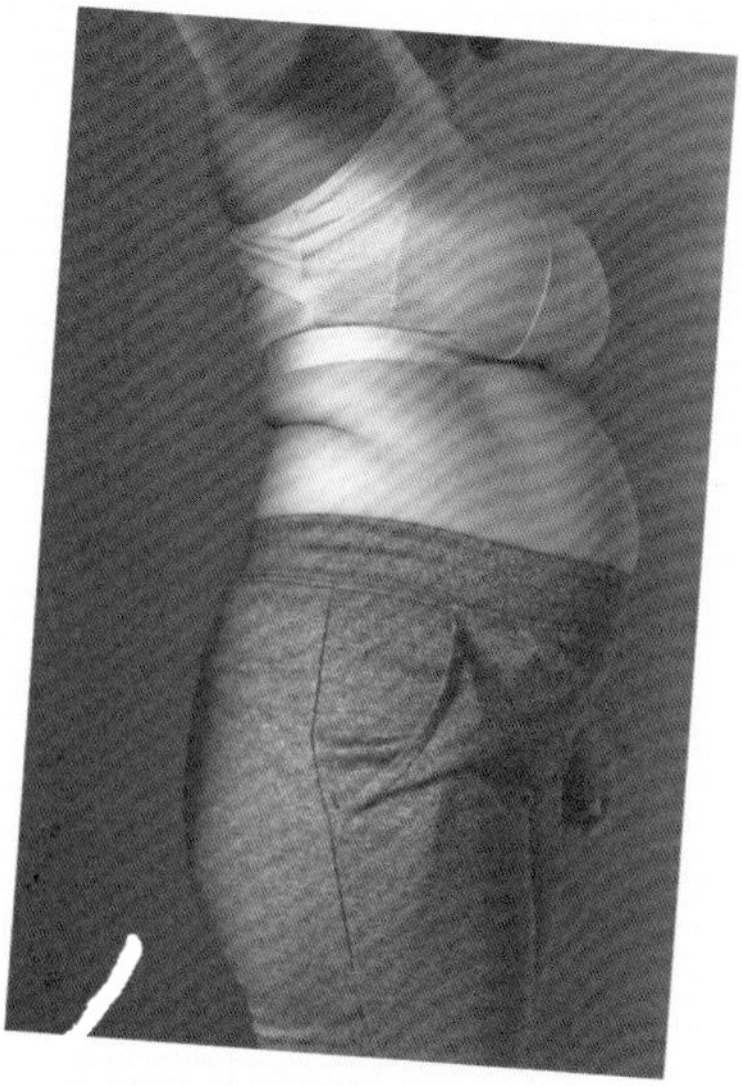

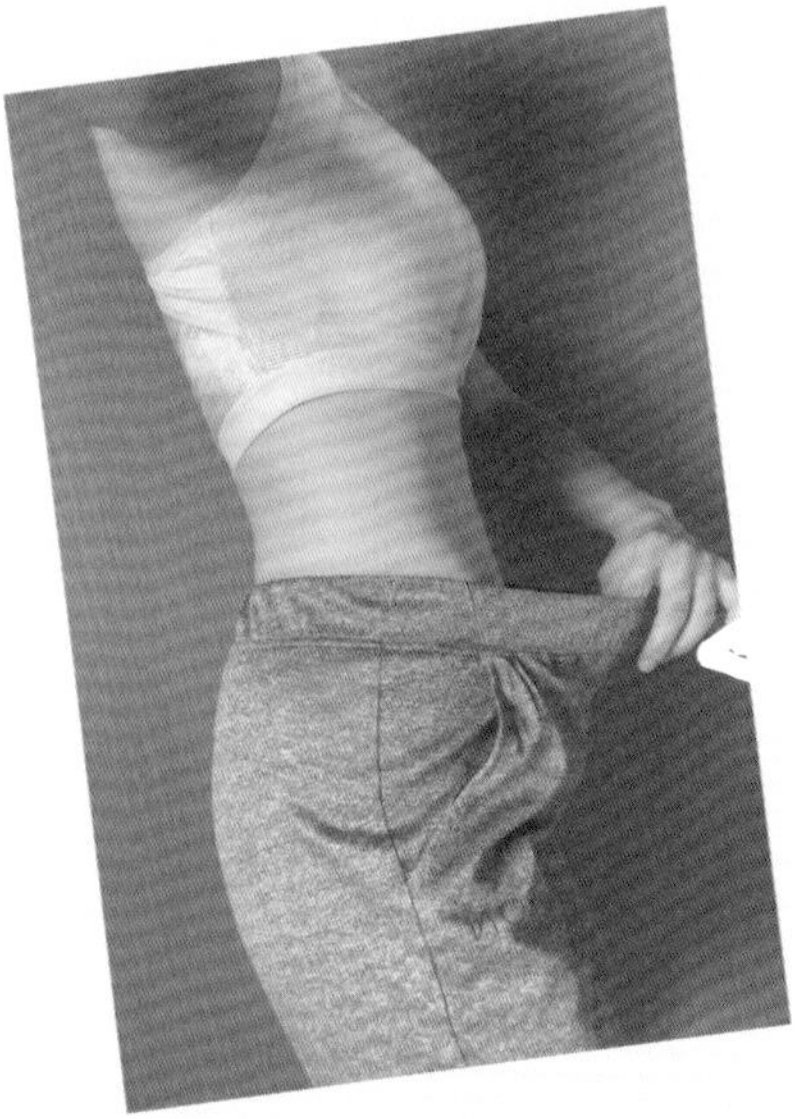

というインスタの投稿が話題を呼び、
思いがけず本の出版にまで至った次第です。

「素敵でもない普通の主婦」と呼ばれた私の体験が本になるなんて……!
こんな出来事は二度とない。
鬼のような試行錯誤の末に行き着いた、私なりの脂肪のちぎり捨て方を、
できるだけ簡単にチャレンジできるようにと、
全身全霊をかけてできあがったのが初めての著書
『ダイエット母さん、20kgの脂肪をちぎり捨ててみた。
マネするだけ5日間痩せプログラム』です。

5日間……簡単！と思いきや

ツラい本だった。

本当に結果が出るように追究したら、
ハードルの高い鬼教官のような5日間プログラムに。

それでも

一緒にやります！

三日坊主な私にもできた！

本当に結果が出ました！

想像以上の反響をいただき
いまでも信じられないくらいうれしいです

ありがとうございます！

全国で約6600人がチャレンジして

たっぷり食べてるのに
お腹が日に日に
ぺったんこになっていく
ことに驚きました！

なかなか
やせられない人でも
やせるきっかけを
掴めるプログラム

野菜や豆腐でも
お腹いっぱいになる
ってわかりました！

ずっと見るのが
イヤだった
自分の身体と
向き合う
第一歩に
なりました

わかりやすくて
実践
しやすい！

5日間メニューを
アレンジしながら
続けます！

やせる食事の
極意がわかった

マインドが
前向きに
なりました！

着られる服が
増えるって、
こんなに楽しいんですね

（にーよんSNS及び単行本公式SNSに届いた意見をもとに編集／KADOKAWA調べ:2022年10月～2023年9月）

およそ

300名からのメッセージが届きました

高校生の息子に
『ママ、今回は
本当にダイエット
できそうだね』
と言われ、にんまり♡

ここまで
続けられたことが
一番の成果です！

スーパーで見る場所が
変わりました！
全人類に推奨したいです!!

人生の半分以上
ダイエットを続けてきて
ようやく成功できました

菓子パンではなく
玄米ごはんを
用意していたときに
「私、考え方もやせたわ」と
気がつきました

自信がなくて
着られなかった
ウエディングドレスを
着る決意をしました

もはやリバウンドすることは許されない状況です。
これからも精進いたします！

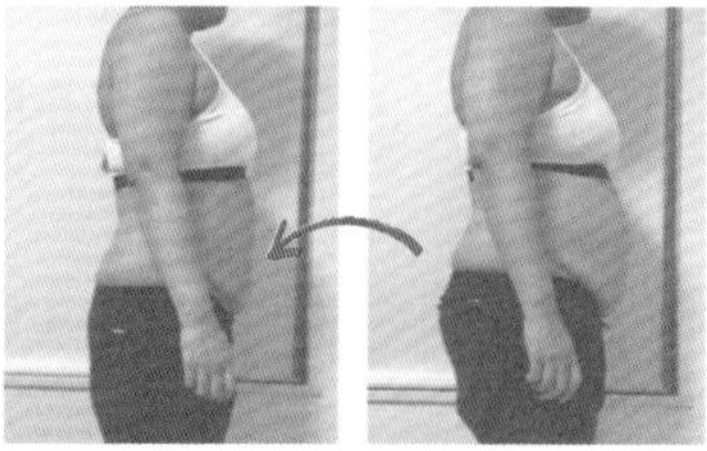

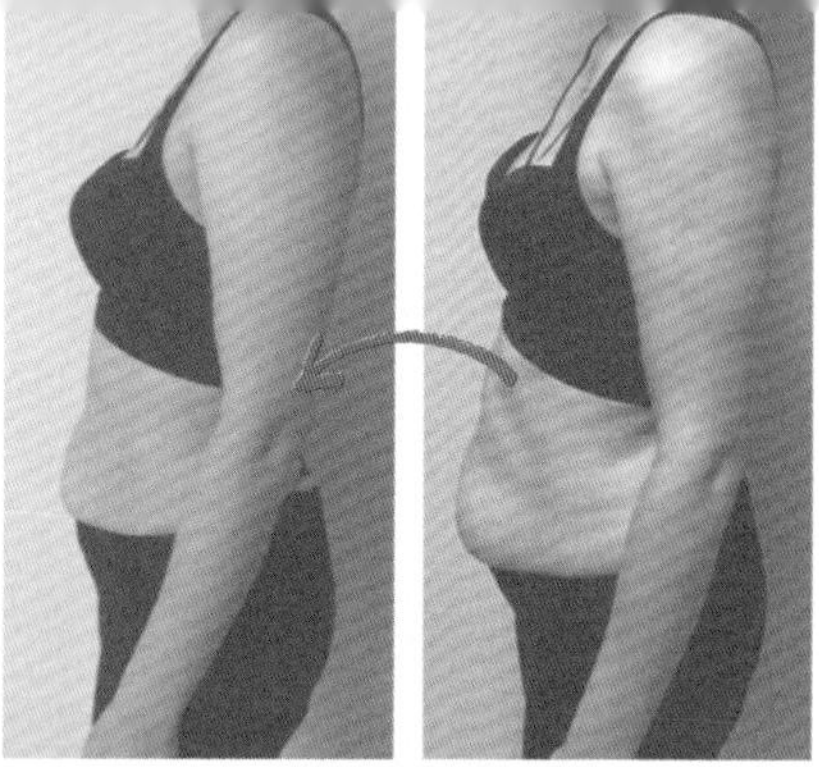

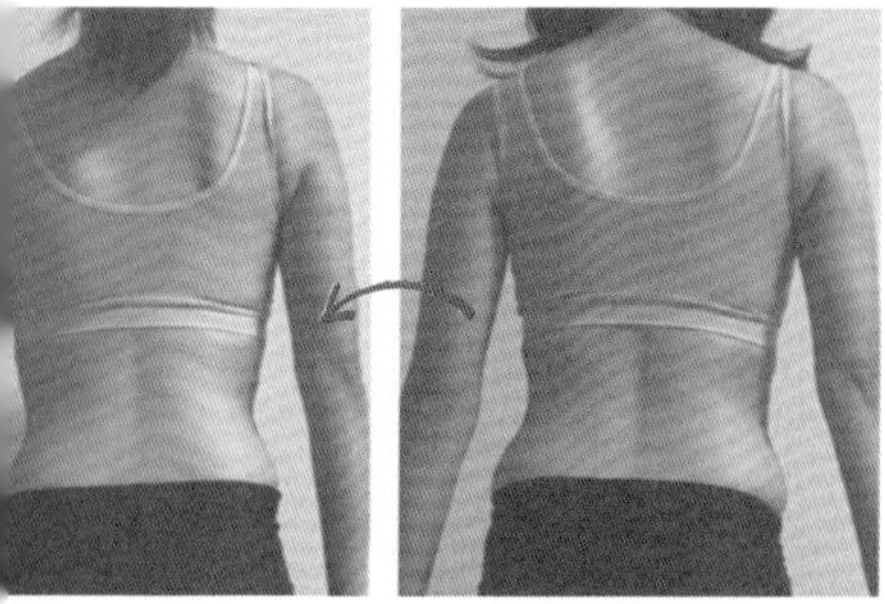

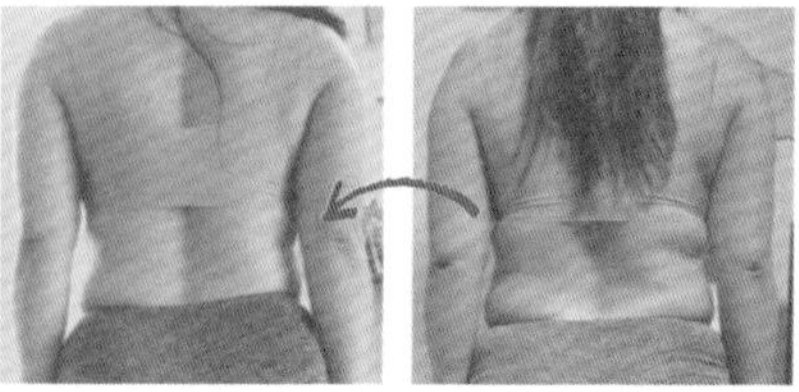

5日間でちぎり捨てたみなさまの変化

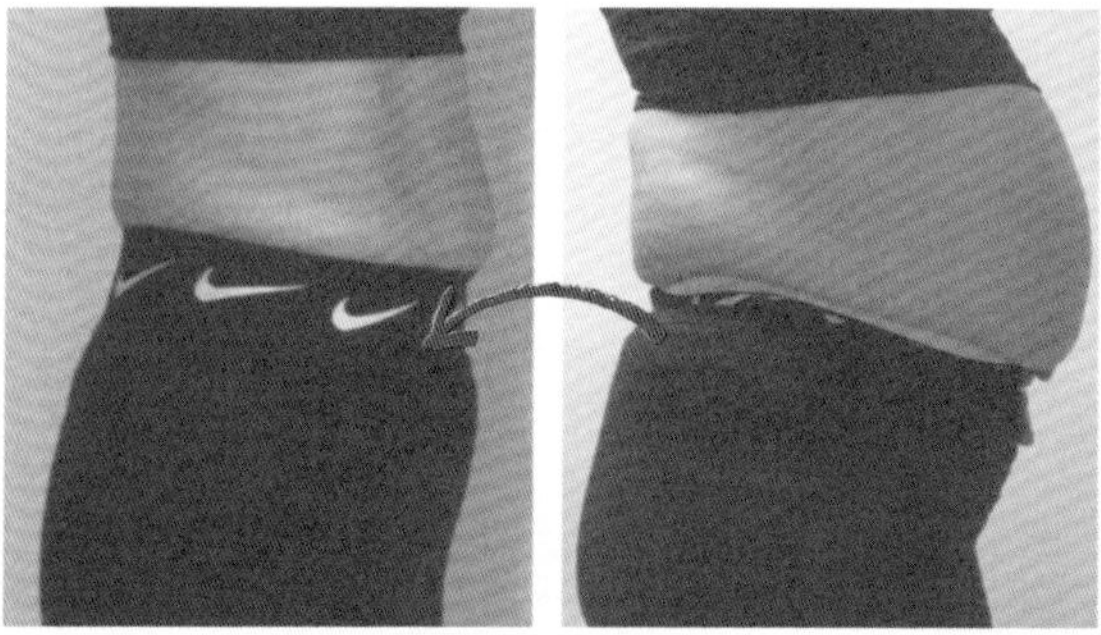

全国のみなさんが
送ってくださった
「これがこう!」に
私自身も
支えられました。

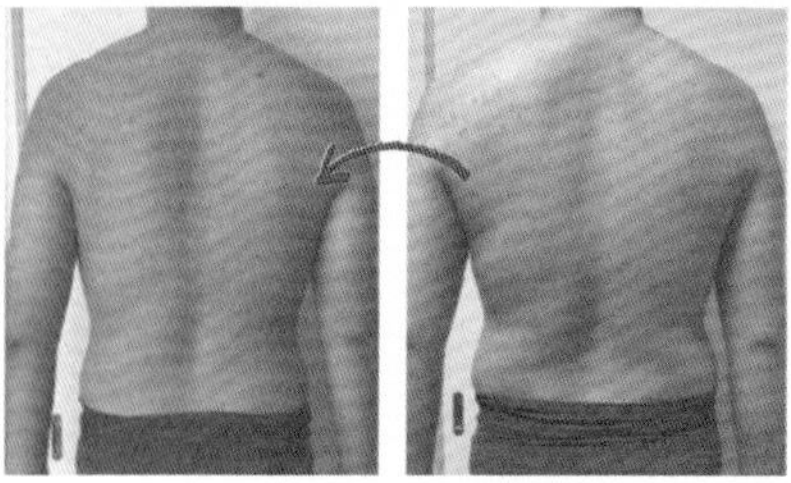

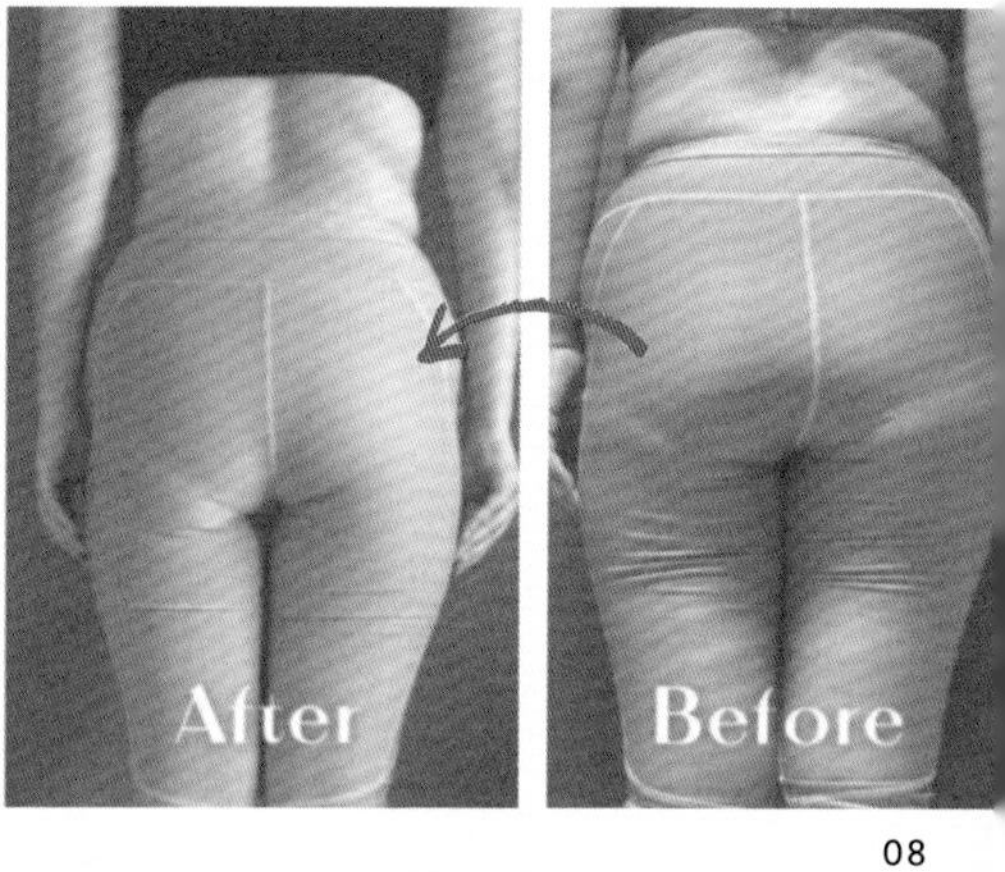

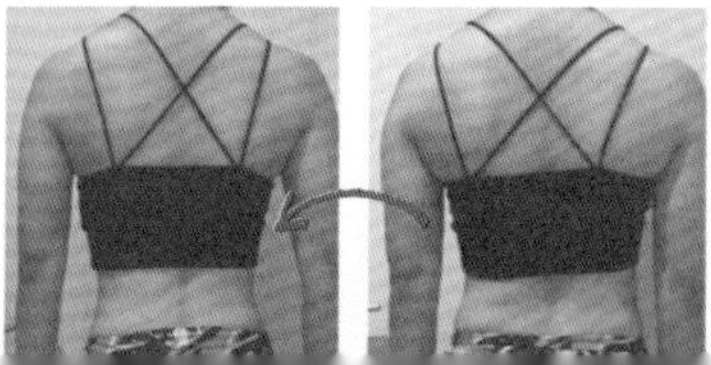

もっと
ハイパーに
ちぎり
捨てようぞ！

そしてちぎり捨て本の爆誕から1年。
みなさまから寄せられたご要望を受け、
もっと簡単にチャレンジしていただけるよう、
このたびダイエットへの負担軽量化を
実現いたしました。

Contents

1 脂肪ちぎり捨て5日間ダイエットおさらい

2 実践！ 5日間で脂肪をちぎる

3 5日間ダイエットに欠かせない ドローイン攻略法

4 モチベが続かない？ みんなそうだよ！ モチベ0%攻略法

アートディレクション
柴田ユウスケ［soda design］

本文デザイン
吉本穂花［soda design］
三上隼人［soda design］

写真
松木宏祐（人物）
石原麻里絵［fort］（料理）
KADOKAWA写真室

フードコーディネート
酒寄美奈子

レシピ監修・栄養指導
こんだてこんぱす
児島優香（こじゆか）
三浦寛子
ふしみまさえ［Bettyのキッチン］

レシピ協力
児島優香（P79-82）

対談協力
工藤孝文

イラスト
奥川りな

校正
麦秋アートセンター

編集協力
小塚祐子
川村彩佳

編集
竹内詩織［KADOKAWA］

第1弾『ダイエット母さん、20kgの脂肪をちぎり捨ててみた。』と比べて

ここがバージョンアップしました！

check 1

より簡単なレシピに！

以前のレシピも好評でしたが、
もっと気軽にチャレンジしていただける内容に。
使うお皿の数が減って、食器洗いまでラクに！

check 2

コースを増やしました！

通常の5日間ダイエットに加えて、
自炊をほとんどしない方も参加しやすい
「自炊少なめ時短コース」を新設しました。

check 3

レシピ数を増やしました！

コースが増えたため、レシピ数も増量。
ガッツリ&こってり系ダイエットごはんも、
お料理系インスタグラマー・
こじゆかさん(kojiyuka_nico2)と一緒に考えました!

check 4

栄養士さんのお墨つき！

掲載しているレシピは、
すべて実際に私が食べているものですが、
専門家の方に栄養面や健康面でも
お墨つきをいただいております。
安心して5日間、脂肪をちぎってください!

1

脂肪ちぎり捨て5日間ダイエットおさらい

このダイエット法のポイントは、①食事を変える ②すき間時間に運動をする、このふたつ。言ってしまえばごく普通。「なんだよ、結局食事と運動かよ」という印象ですが、いろいろなダイエット法を試して失敗してきた私が「これなら続く！」と実践し続けているダイエット法です。

　まずは第１弾でも実践していただいた内容から一緒におさらいしていきましょう。これまであらゆるダイエットに失敗してきた方も、年齢や環境のせいでやせられないと思っている方も、とりあえずは何も考えずに読んでみてください。

ハイパーーー!!

ちぎり捨てルールおさらい

食事は、

「食べてやせる」が、いちばんよかった

ダイエットというと厳しい食事制限をイメージしがちですが、厳しい食事制限のダイエットって続かなくないですか？　少なくとも私は、空腹すぎてすぐ挫折→ドカ食い→リバウンドを何十セットも無限ループしました。食事制限ムリゲーすぎる！　だから脂肪ちぎり捨てダイエットは毎日3食食べるのが基本です。大丈夫、食べてもやせます！

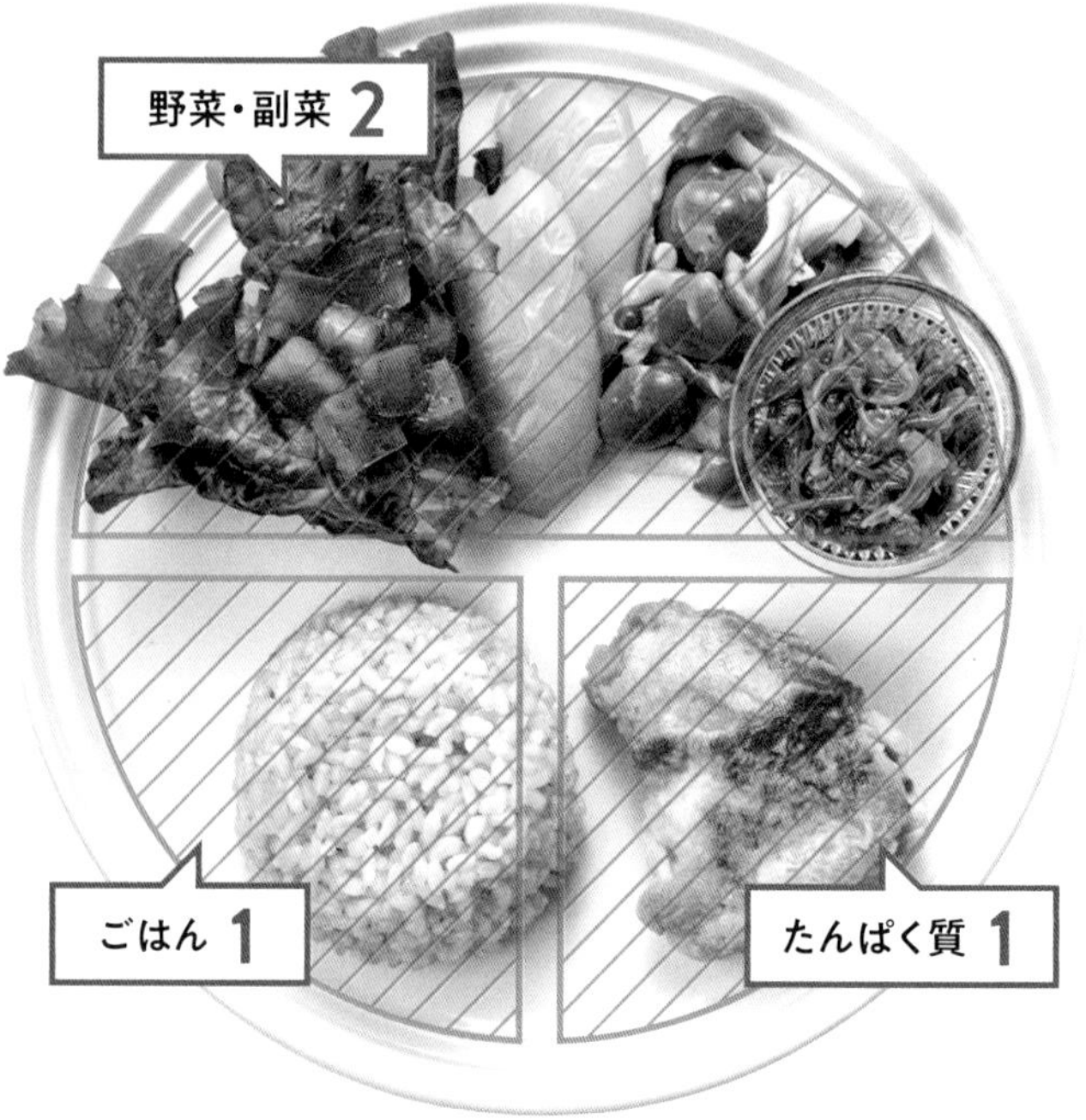

このバランスを5日間守るだけ！

実践レシピは30ページから!

ごはん1：たんぱく質1：野菜・副菜2が基本。

スタイル激変3原則

1. **野菜多めの食事を心がける**
   → 野菜はカロリー0理論でOK!
2. **油分・脂肪分をカットする**
   → 調理に油を使わないのがにーよん流
3. **本気の5日間はおやつもカット**
   → 結果を出すなら間食ナシでいきましょう!

「バランスよく食べる」を5日間でマスターする！

古今東西あらゆるダイエット法に失敗した結果、当たり前すぎる「バランスよく食べる」で20kgの脂肪をちぎり捨てた私ですが、そもそもバランスって？カロリー計算？栄養素を全部調べる？もう聞いただけで心が折れそうですよね。

ありとあらゆる食べ合わせを研究した結果、右ページの写真のように「ごはん」と「たんぱく質（肉や魚）」は握りこぶしひとつ分。野菜と副菜をその倍量食べるだけ。見た目の量を意識すれば、バランスのよい食事になるとわかりました。5日間ダイエットを完走したあとも、食材やメニューをアレンジしつつ自分流のダイエットを続けられます！

ちぎり捨て
ルール
おさらい

ドローインを、

いつでもどこでもお腹を凹ますだけ！

ドローインのやり方は86ページから！

ドローイン＝コアから鍛える呼吸法

「脂肪を燃やすには30分以上の運動を」などと聞いても、子育て真っ最中の私には運動する時間も場所もない……。そこで行きついたのが、その場ですぐにできるドローインという呼吸法でした。思い立ったときにお腹を凹ませるだけ。それだけでも、くり返せば十分な筋トレになり、コアから体がスッキリ引き締まるんです！

24時間365日やる。

ドローインのメリット

1. **すぐその場でできる**
   → 移動時間ゼロ！
2. **着替えなくていい**
   → ウェアやシューズ要りません！
3. **呼吸するだけ、全人類できる！**
   → 家事や仕事中だってOK！

お腹を凹ませれば5日間でくびれが出現！

やせようと思ったときにまず考えるのが、①食べるのをやめる②運動するの2本柱です。しかし、この2本柱を根性だけで実行すると、疲れすぎて体調を崩し、見た目は枯れた感じになったあげく、精神は闇落ち。そのままリバウンド街道まっしぐら――まったくいいことがありませんでした（体験談）。

ですので、まずは一生続けられそうな運動から。とにかく5日間お腹をしっかり凹ませて生きる。それと同時にドローインという呼吸法をマスターする。そうすればインナーマッスルが鍛えられて、自然とお腹も引き締まります。たった5日でくびれが出現する可能性も大！お腹を凹ませている＝普段の状態になるよう、この5日間はガッツリ取り組んでみてください。

準備を制する者が5日間ちぎり捨てダイエットを制する！

準備がダイエットの成否を分ける理由

最初はやせたい一心で試行錯誤してきた私ですが、ダイエットが成功して気づいたことがひとつあります。それは〝やるしかない環境を整えること〟こそが重要であると。具体的にいうと、数日先まで食べるものを決めてしまう、冷蔵庫にはそれを作るための食材がそろっている、そんな状態です。

何事もいちばん面倒なのは準備作業。しかし幸いなことに、ダイエットのモチベーションのピークは「マジやばい、マジやせよう！」と決意した瞬間です。そのやる気が最もみなぎっているときに準備を完了しておけば、あとはもう〝やせエスカレーター〟に乗ったも同然。さぁ、いますぐ準備をはじめましょう！

準備万端？　それならダイエットは

90%成功したも同然です

準備
1

全身の自撮りで現状を把握する

にーよん流はダイエット前の撮影がマストとなっております。
なぜなら、ダイエットの成果が見た目ではっきりわかるから。
最初は恥ずかしくても、最後は必ず「撮っておいてよかった!」と感じるはずです。

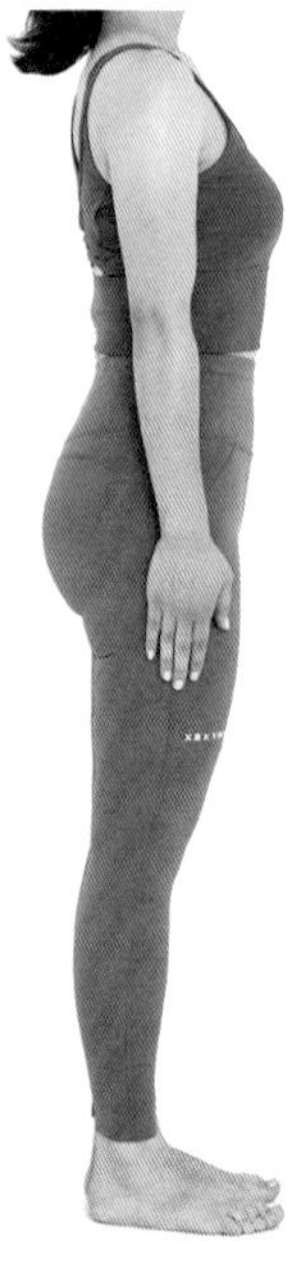
side

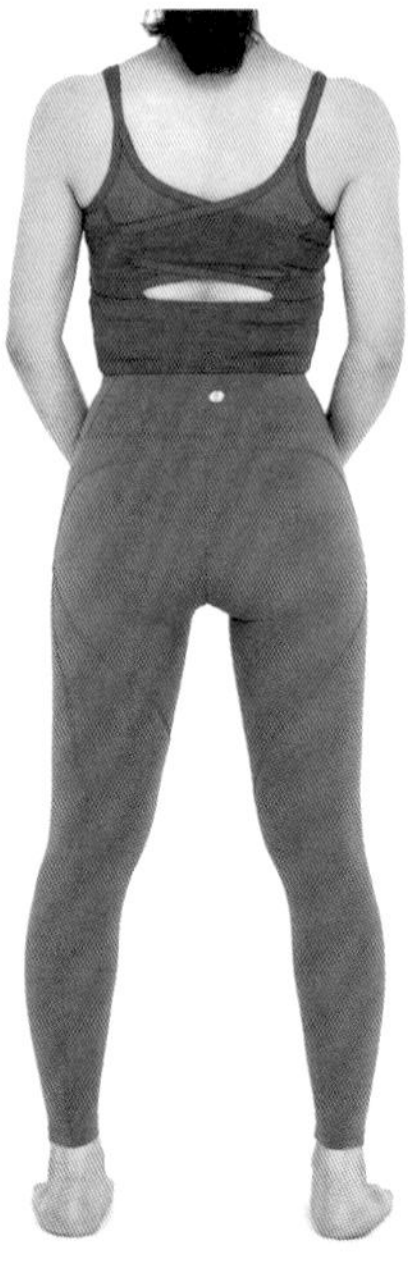
back

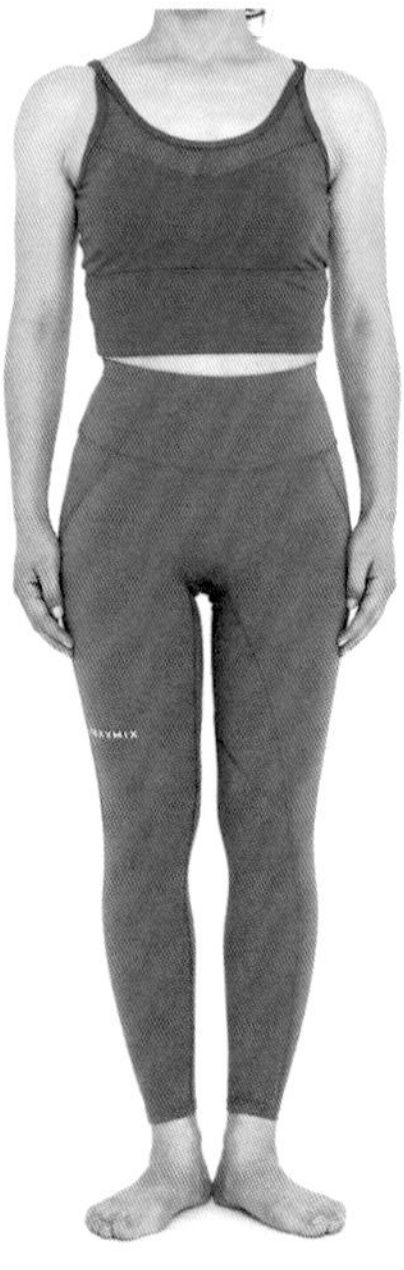
front

Before写真は3ショットがおすすめ

正面、背面、横向き、それぞれスマホで自撮りします。腰まわりのお肉がガクッと落ちる人が多いので、特に「背面」は必ず撮っておきましょう。服装は体のラインがわかるもの。特によくはくジーンズやボトムスは、腰まわりの変化がわかりやすくておすすめです!

5日間の成果は背中に出やすい！

これが、

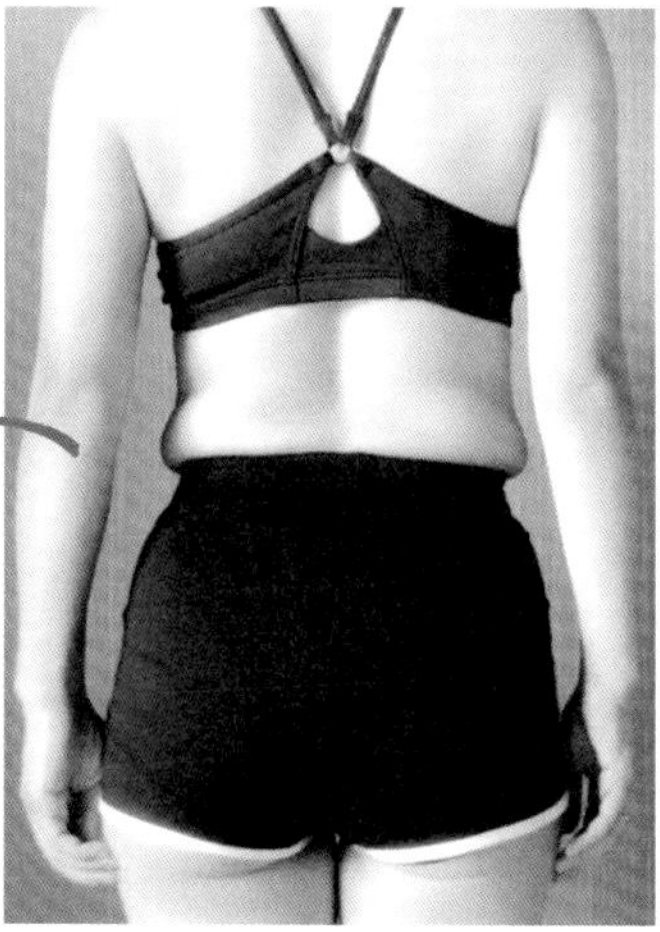

こう

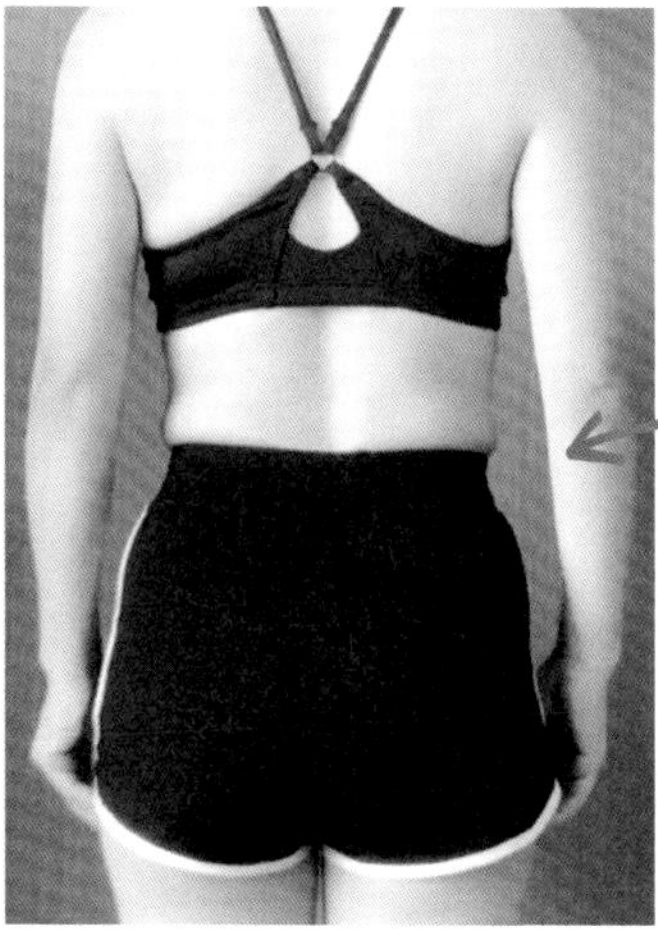

Q 家が散らかってて撮りたくない

修整で消しちゃえばOK!

とりあえず足元の物だけどけて、背景は修整で消しちゃいましょう。

Q 人に見られたら恥ずかしい！

スマホの便利機能を活用して

写真やフォルダを「非表示」にする、または専用アプリで管理する方法もあります。

脂肪はのびしろ！
ありのままの自分を
記録して

Q セルフで全身撮影するには?

以下のような小技を駆使しましょう

後ろ姿は鏡の前で後ろ向きに立つ

棚を活用してセルフタイマー

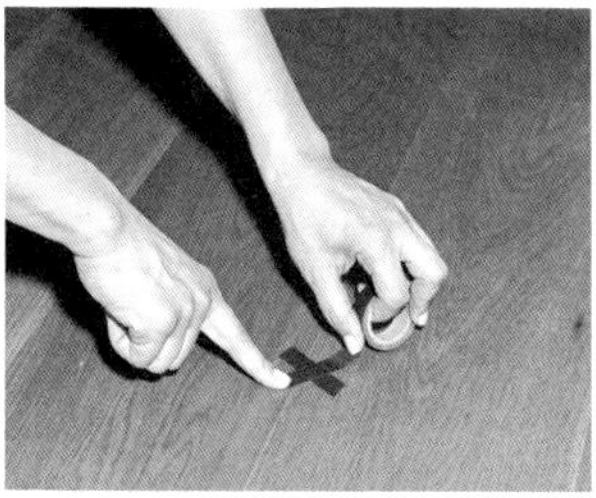

立ち位置に印をつけておくと
After撮影で役立つ

インカメラで逆さ持ちすると
シャッターを押しやすい

5日間ダイエットの食材を買いに行く

写真が撮れたら次は買い物！
このダイエットでは特に買い物を大事にしています。体型は買い物で決まる！
ヘルシー食材を軸にしてスーパーをまわりましょう。

にーよん流
スーパーのまわり方

＼ START ／

野菜

まずは野菜売り場をチェック。旬のものは値段も安いし健康にも効果的です。

チルド食品

豆腐、漬物、納豆、パウチお惣菜をチェック。1品足りないときに便利。

買い物が変われば体重&見た目が変わる

太っていた時代の私は食べることが大好きなうえ、子供5人と暮らしているので、ひとりの食事は「すぐ簡単にお腹を満たせるもの」が最高のパートナー。冷凍パスタや菓子パン、カップ麺、そういう食料をたくさん買い込んでいました。で、お腹がすくたびにパクパク食べていたんです。

でも世の中には、簡単ヘルシーにお腹を満たせるものって意外とあります。たとえばお豆腐や納豆、パウチに入ったお惣菜にさつまいも。ぽっちゃり思考がしみついていた頃は、完全に見落としておりました。まずは見えてなかった食材を目に焼きつけて、ヘルシー選択眼を養いましょう。

○

ストック食品をチェンジする

日々の料理にも使えるし、小腹がすいたときに食べてもOK。ヘルシーな食材なら、食べても罪悪感ゼロ!

×

ついついストックしがち

おいしそうだし必ず食べるからと、買い物カゴにポン。そして家にあると、ついつい食べちゃう危険食品。

＼ GOAL ／

にーよんレシピ頻出アイテム

糸かんてん、白ごま、白だし、チューブ式にんにく&しょうがは必携です。

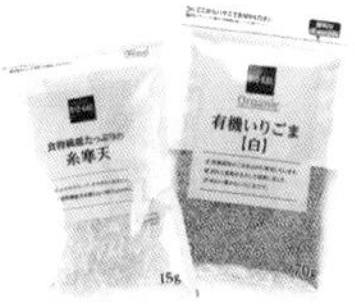

◀

缶詰・乾物

焼きのり、さば缶、ツナ缶はレギュラーメンバー。必ず補充を!

◀

鮮魚・精肉

お肉は脂身の少ないものをメインに。海藻類も欠かせません!

スーパーの歩き方 にーよん流の極意

みなさんは普段、どんな風にスーパーをまわっていますか?結構、無意識にぐるぐる～っと見てまわっているのではないでしょうか。それだと、「これは食べるかもしれない」とか「新製品じゃん! 特売!?」とか「子供が喜びそう♡」なんて言っているうちに買い物カゴは超満杯。菓子パンやラーメン、ジュースなどなど……ダイエッターの敵となる食品もたくさん紛れ込んでしまいます。

ですので、まずは見てまわる場所を絞る。ほかに必要なものがあれば、それは「何のために必要か」を考えて買うのがコツです。子供のおやつにこのジュースを買う!というように。そうすれば、徐々にヘルシーな買い物上手になりますよ!

5日間で脂肪をちぎるためのお約束

野菜・副菜をいっぱい食べる

野菜、副菜……ハードル高すぎ。
見た瞬間、本をそっと閉じたくなります。
たしかに野菜はお値段高い、副菜を作るのは面倒くさい。
でもジムに通うより経済的で、食べていると体調も整う!
副菜についても超絶簡単レシピをご紹介しますので、
ひとつ前向きにご検討くださいませ。

"食べてキレイ"が
いちばん尊い!

? なぜ野菜・副菜が必要なのか

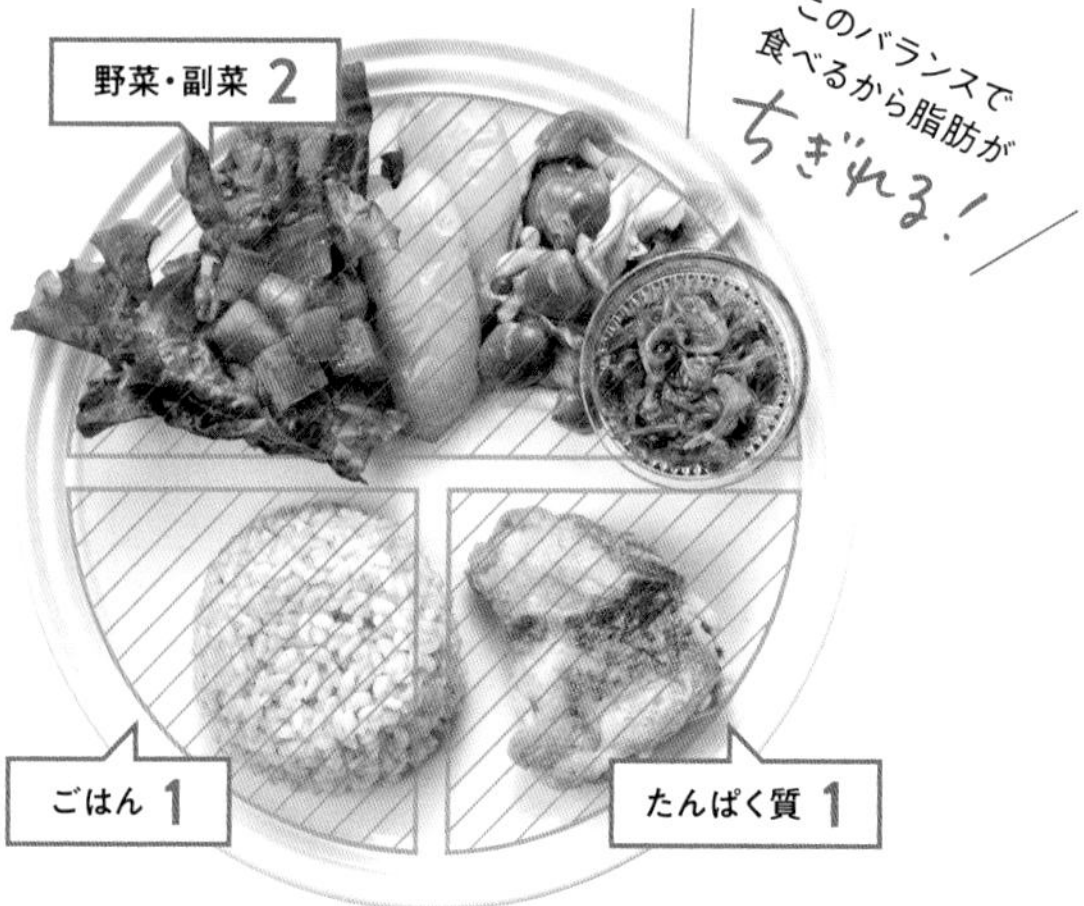
野菜・副菜 2
ごはん 1
たんぱく質 1
このバランスで
食べるから脂肪が
ちぎれる!

それは栄養の力を借りて、やせを加速させたいから！　なんと食べる量を減らすより、野菜・副菜を食べるほうが、栄養素同士が手を取り合って「燃やすぞぉぉお！ オラぁぁぁあ！」と代謝爆上がり。細胞たちが勝手にフルスロットルで働きだしちゃうのです。

炭水化物
もしっかり
食べる

代謝を上げるには炭水化物も非常に大事。
特に“ごはん”は必須です。
過度な糖質制限は代謝が低下するため、毎食ごはんを食べましょう。
にーよんは玄米推奨ですが、苦手な方は白米でも大丈夫！
どちらか迷っている人は、
食べごたえ&栄養面でも玄米がおすすめです。

? なぜ炭水化物が必要なのか

ごはん（炭水化物）と**野菜**は

車とアクセル

両方そろわないと脂肪が燃えない！

アクセルを踏まないと車が前に進まないように、ごはんと野菜がそろってはじめて“脂肪のちぎり捨て”が前進します。やみくもに食事やごはんを減らさず、まずは5日間しっかりレシピに沿ったダイエットを敢行しましょう。以上、にーよんからのお願いでした。

「まごわやさしいこ」がそろっているから脂肪をちぎれる

ま まめ	ご ごま	わ わかめ	や やさい	さ さかな	し しいたけ (きのこ)	い いも	こ こめ
大豆	黒ごま	わかめ	緑黄色野菜	青魚	しいたけ	さつまいも	玄米
枝豆などの豆類	白ごま	昆布	旬の野菜	白身魚	しめじ	じゃがいも	白米
豆腐やみそ豆乳などの大豆加工品	ナッツ類などの種子類	ひじき	旬の果物	貝類	えのき	さといもごぼうなどの根菜類	雑穀米
		めかぶなどの海藻類		しらすなどの小魚	エリンギなどの菌類		オーツ麦(オートミール)などの穀類

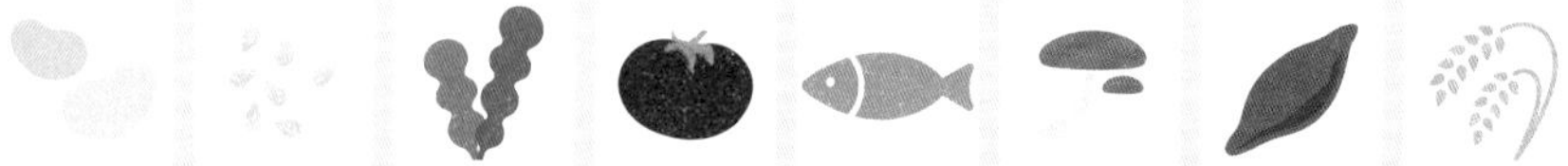

第1弾より副菜が簡単になりました！

前回の本では副菜を何品も出したのですが、今回は品数少なめ。どんぶり系のメニューを多くして小鉢を減らし、作る手間と片づける手間を削減しました。ダイエットにかけるパワーもエコでいきましょう！

1日単位でコンプリートを目指す

食材選びの基本は「まごわやさしいこ」ですが、これはマジ大事です！ この食材をまんべんなく食べていると、理不尽な空腹感に襲われません。さらに体調もよくなる！ ダイエット中は、1日で全ジャンル制覇していく食事内容が理想です。

実践！5日間で脂肪をちぎる 2

第１弾を出版して、実際に取り組んでくださった方からさまざまなご意見をいただき、このたびレシピを一新しました！基本的な考え方や食べる量は前回と変わらないのですが、もっと手軽に挑戦しやすいメニューへと〝ハイパー進化〟させました。

ちなみに私の近況としましては、ダイエットが成功して本まで出していただいたにもかかわらず、リバウンドしてみたり、子供たちの進学＋引っ越しで生活が荒れまくったりと、みなさんの手本となるようなステキ人生とはほど遠い日々ですが、つまずくたびに気を取り直して今回ご紹介する「によ飯＋ドローイン」で地道にダイエットを続けております。では、一緒に頑張りましょう！ハイパー！

コース ハイパー！ ご用意しました

ベーシックコース 1

通常の5日間ダイエット

第１弾の本同様のダイエットメニューです。本当に本に載せるの!?と思うほどの手抜きメニューも多々あるのですが、基本毎日３食手作りとなっております。

向いているのはこんな人

・家族と暮らす主婦の方
・毎日料理をしている
・在宅時間が長い

自炊少なめ時短コース 2

野菜鍋＋コンビニごはん

朝晩は野菜鍋のリサイクル、昼食はコンビニごはんというお手軽コースです。料理は極力したくない、またはできない。でもダイエットはしたい方向けのコースです。

向いているのはこんな人

・ひとり暮らしの方
・料理は苦手、または作る機会が少ない
・仕事で昼は外食多め

どちらのコースも微妙に当てはまらない人は、両方のコースをシャッフルしてもOK！
たとえば「１日目は在宅勤務だからベーシック、２日目は出社するから昼は自炊少なめのメニューを参考にして、朝晩はベーシック」など自由にアレンジしてみてください。

2

みんなに
5日間プログラムを
試してほしいから！

調理は ノンオイルで

フッ素樹脂加工のフライパンを使い、油をひかない弱火調理を推奨しております。5日間ダイエット中はドレッシングやマヨネーズも使いません。

苦手食材は “まごやさ”内で トレード

食べられない食材がある場合は、まごやさ（28ページ参照）内でトレードするのがおすすめです。野菜なら別の野菜に、きのこなら別のきのこに。アレルギーがある場合は、無理せずカットしましょう。

買い物リストを 活用しよう

今回もスマホで見られるように、買い物リスト＆レシピをPDFデータ化しました。買い物のお供に、お納めください。

← 5日間レシピは34ページから

← 5日間レシピは66ページから

自炊少なめ用

買い物リスト
https://kdq.jp/dk5-sukunamelist

レシピ
https://kdq.jp/dk5-sukunamerecipe

ベーシック用

買い物リスト
https://kdq.jp/dk5-basiclist

レシピ
https://kdq.jp/dk5-basicrecipe

Day 0
開始準備

ベーシックコース

コース START!

買ってきた野菜は切っておく

やる気のあるうちに手間を省く

ダイエット熱が盛り上がっているうちに野菜類をカットしておけば、調理時間を大幅に短縮することができます。先手必勝！ ハイパァァ！

玉ねぎ

玉ねぎは皮をむいて半分に切り、それから薄切りに。まとめて食品用保存袋に入れておくと便利です。

小松菜

小松菜は長さ4cmに切っておきます。5日間ダイエットはどの料理もこの長さ！

小口ねぎ

小ねぎや万能ねぎは小口切りに。長い状態のものを半分にしてから刻むとラクですよ。

☑ レシピの分量について　朝・昼食 1人分 ／ 夕食 2人分

1 ベーシック

1日目昼食の **レンチンなめたけ** を作っとこ！

1日目の昼食で使います

“ものはついで”と言いますからね。面倒な調理をしなくてすむように、いまのうちからなめたけを仕込んでおきましょう。先手必勝！ ハイパー！

材料

えのき…100g
★めんつゆ（2倍濃縮）…大さじ1
★しょうゆ…小さじ1/2
★はちみつ…小さじ1

作り方

1. えのきは石づきを取って3cm程度の長さに切る。
2. 耐熱容器に①のえのきと★印の調味料をすべて入れ、ラップをかけて600Wの電子レンジで3分加熱する。
3. 粗熱をとり、フタつき容器に入れて冷蔵庫で保存する（1週間程度保存可能）。

冷凍&カット野菜も便利です

カットしめじ

パッとそのまま入れるだけ

石づきを切り落とす手間がなく、大きさもだいたいそろっているから使いやすい！

カット野菜、冷凍野菜を上手に活用すると調理がもっとラクになります！

☑ 家族の分はどうする!?
倍量（4人分）にするコツ

食材は基本2倍にし、調味料や煮汁を1.5倍にして調整するのがおすすめです。

Day 1
朝食

ベーシックコース

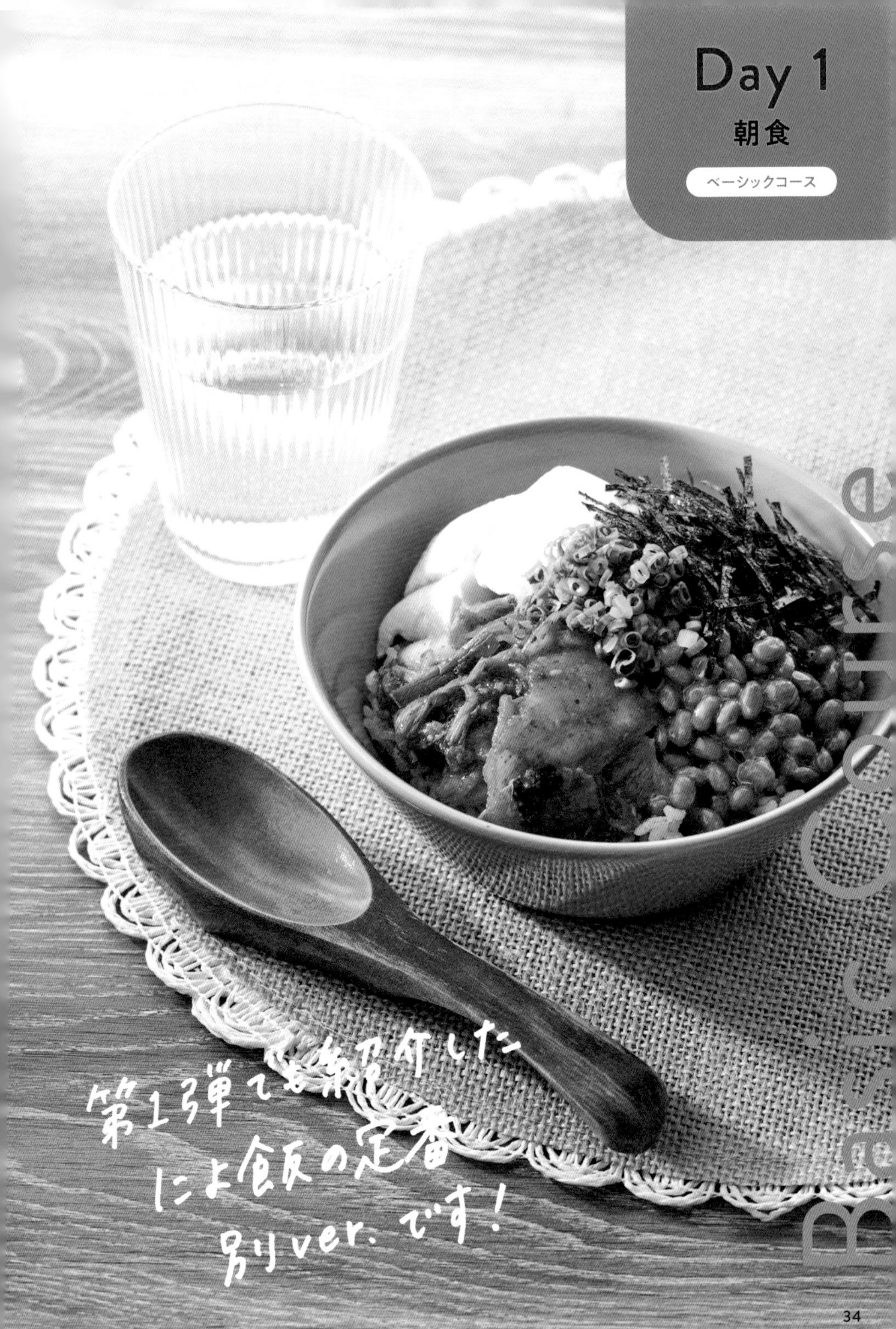
第1弾でも紹介した
によ飯の定番
別ver.です！

Menu

脂肪ちぎり丼 ハイパーver.

材料 1人分

玄米ごはん…100g
豆腐…1/2個（3個パックのもの・75g）
納豆…1パック
キムチ…30g
焼きのり…適量
小口ねぎ…適量

作り方

1. ごはんの上に材料をすべてのせる。

※納豆は付属のタレやからしをそのまま使用してOK

Q

納豆が苦手な場合はどうすればいい？

納豆は「たんぱく質」としてメニューに取り入れているので、しらす、ナムルにした豆もやしなどをのせるのもおすすめです。プロテインを飲んでもいいですよ！

Q

玄米ごはん100gは白ごはん100gでもいいですか？

によ飯はほぼ「玄米ごはん」ですが、もちろん白ごはんでもOK。ただ、100gの量に対する食べごたえは玄米ごはんのほうが高く、食物繊維やビタミンEもより多く摂取できます。苦手でなければ、玄米にもチャレンジしてみてくださいね！

Day 1
昼食

ベーシックコース

食べごたえ抜群なのに
脂質が行方不明！

Menu 1

レタスと食べるレンチンチャーシュー

材料　1人分

鶏むね肉…1枚（250g）
長ねぎ（緑の部分）…1本分
サニーレタス…4枚
ミニトマト…2個
★チューブしょうが…2cm
★チューブにんにく…2cm
★しょうゆ…大さじ1と1/2
★みりん…大さじ1と1/2

作り方

1. 長ねぎは緑の部分のみを切り取り、残りは冷蔵庫にしまう。鶏むね肉の皮を取りのぞく。
2. ①と★印の調味料をすべて耐熱容器に入れてラップをかけ、600Wの電子レンジで3分加熱する。ひっくり返してさらに3分〜4分加熱して粗熱をとる。
3. チャーシューの2/3、長ねぎ、サニーレタス、ミニトマトと一緒に器に盛る。

残った1/3のチャーシューは翌日食べます！　残しておいて

✓ POINT

レンチン中にトングでひっくり返す

ひっくり返すと短時間でしっかり汁がしみ込みます。容器を取り出すのが面倒なら、電子レンジに入れたまま裏返してもOK！

Menu 2

のりごはん＋レンチンなめたけ

材料　1人分

玄米ごはん…100g
焼きのり…適量
レンチンなめたけ…大さじ1
※レンチンなめたけの作り方は33ページ

作り方

1. 玄米ごはんをよそい、その上にちぎった焼きのりを散らす。
2. レンチンなめたけをごはんにかける。

残ったなめたけは夜も食べます！　残しておいて

Day 1
夕食

ベーシックコース

炊飯器に
入れるだけで
ホロホロお肉の
シアワセ参鶏湯♪

Menu 1

ジャーで作る参鶏湯《サムゲタン》

材料 2人分

鶏もも肉（鶏むね肉でも可）
…1枚（250g）
キャベツ…1/2玉
長ねぎ（白い部分）…1本分
塩こうじ…大さじ3
★鶏ガラスープの素…大さじ1
★チューブにんにく…3cm
★チューブしょうが…3cm

作り方

1. 鶏肉は皮を取りのぞき、ポリ袋に塩こうじと一緒に入れてよくもみ込む。
2. キャベツは適当な大きさに手でちぎる。
長ねぎは4cm幅に切る。
3. キャベツ、長ねぎ、①の鶏肉の順番で炊飯器に入れ、★印の調味料も一緒に入れる。
4. 水を4合の目盛りまで入れ、通常の炊き方で炊飯する。

※4合炊きの炊飯器がない場合は、無水鍋や普通の鍋でも作れます
※3人分以上作る場合は鍋で作りましょう

残しておいて
翌朝スープを飲めるように肉も含めて少し残しておく

✔ POINT

野菜→鶏肉の順に入れる

野菜を上にのせると炊飯器の内ブタに貼りついてふきこぼれる心配があるため、野菜は必ず（特にキャベツは）下側に。鶏肉は塩こうじがついた状態で、そのまま入れましょう。

Menu 3

トマトのピリ辛

材料 2人分

トマト…1個
★酢…小さじ1
★コチュジャン…小さじ1
★チューブにんにく…1cm
★一味唐辛子…適量
（お好みで）

作り方

1. トマトをひと口大に切る。
2. ボウルに①と★印の調味料をすべて入れて和える。

使いまわし

Menu 2

なめたけごはん

材料 1人分

玄米ごはん…100g
レンチンなめたけ…大さじ1
※レンチンなめたけの作り方は33ページ

作り方

1. 玄米ごはんを器に盛り、なめたけをかける。

Day 2
朝食

ベーシックコース

甘いもの欲を満たす
ご褒美モーニング♡

Menu 1

カッチーハニーベーグル

材料　1人分

ベーグル…1/2個
カッテージチーズ…大さじ1
はちみつ…小さじ2

作り方

1. 半分にカットしたベーグルにカッテージチーズを塗る。
2. はちみつをかける。

? カッテージチーズじゃないとダメ?

カッテージチーズは生乳から乳脂肪分を取りのぞいた脱脂乳が原料なので、通常のチーズよりもヘルシー。手に入らない場合は、クリームチーズやスライスチーズで代用してください。

使い
まわし

Menu 3

レンチン チャーシュー

材料　1人分

レンチンチャーシュー…きのうの残り(1/3枚)
サニーレタス…3枚

作り方

1. チャーシューを3つに切り分ける。
2. チャーシューをサニーレタスにのせ、巻いて食べる。

使い
まわし

Menu 2

トマト鶏湯スープ

材料　1人分

ジャーで作る参鶏湯…きのうの残り
ミニトマト…2個

作り方

1. ミニトマトを半分に切る。
2. トマトとスープをカップに入れて、ラップをかけず600Wの電子レンジで1分加熱する。

Day 2

昼食

ベーシックコース

アツアツスープで脂肪を燃やすぞ！

Menu 1

脂肪燃焼チゲスープ

材料　1人分

豆腐…1個（3個パックのもの・150g）
長ねぎ…1/4本
キャベツ…1/8玉
ニラ…3本
えのき…50g
さば缶（水煮）…1/2缶
キムチ…60g
糸かんてん…ひとつまみ
牛スープの素…小さじ1
コチュジャン…大さじ1
チューブにんにく…2cm
チューブしょうが…2cm
水…250ml

作り方

1. 豆腐は4等分にする。
2. 長ねぎは斜め薄切り、キャベツはひと口大、ニラは4cm幅に切る。えのきは石づきを取る。
3. 鍋に水を入れ、にんにくと牛スープの素を入れて中火にかける。ひと煮立ちしたら、①と②の野菜をすべて入れる。
4. ふたたび沸騰したら豆腐、さば（汁も半量）、キムチ、コチュジャンを入れる。具材が温まったらしょうがを入れる。
5. 器に盛ったら、最後に糸かんてんを混ぜて食べる。

意外とハイカロリー
量で調節を

✓ POINT

さば缶を使うことで“やせ体質”に！

さば缶は、中性脂肪を減らして代謝を上げるDHAやEPAなどのオメガ3脂肪酸を豊富に含むヘルシー食材。また“やせホルモン”といわれ、食欲抑制効果のあるGLP-1を増やすともいわれているんです！

Menu 2

のりごはん

材料　1人分

玄米ごはん…100g
焼きのり…適量

作り方

1. 玄米ごはんに焼きのりを散らす。
おにぎりにしてもOK！

Day 2
夕食

ベーシックコース

家族も大満足のボリュームレシピ

Menu 1

レンチン一発レタシュウマイ

材料 2人分

しいたけ…3個(50g)
玉ねぎ…1/2個
豚ひき肉…250g
レタス…1/2玉
にんじん…1/2本分
枝豆(冷凍可)…10粒程度
シュウマイの皮(餃子の皮でも可)…4枚
★片栗粉…大さじ1
★しょうゆ…大さじ1/2
★オイスターソース…小さじ1
★鶏ガラスープの素…小さじ1
★チューブしょうが…3cm

作り方

1. しいたけ、玉ねぎをみじん切りにしてポリ袋に入れる。豚ひき肉、★印の調味料も一緒にポリ袋に入れてよく混ぜる。
2. 耐熱皿にちぎったレタス、ピーラーでむいたにんじんを敷き詰める。
3. ポリ袋の端を切り、全量のうち1/8量のタネを残して、耐熱皿に7個絞りだす。そのうち4個のタネに濡らしたシュウマイの皮を被せ、上に枝豆を飾る。
4. 耐熱皿にふんわりラップをかけ、600Wの電子レンジで3分加熱したら、手前と奥の向きを逆さにしてさらに3分ほど加熱する。
5. 皮がない3個のシュウマイを自分用に取り分け、レタスとにんじんを巻いて食べる。

残ったタネと皮は翌日食べるので冷蔵庫へ　残しておいて

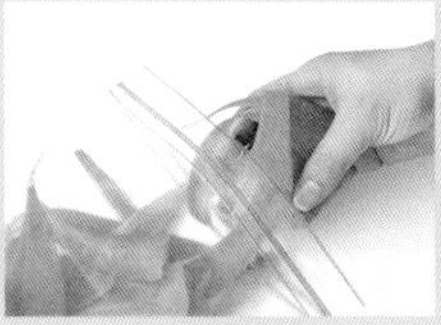

✓ POINT

ペラペラにんじんは多めに作って保存

レタシュウマイに使用するにんじんは1/2本分ですが、1本丸ごとピーラーでむいて残りは冷蔵庫へ。翌日以降のメニューでも活用します。

Menu 3

きゅうりの1本漬け

材料 2人分

きゅうり…2本
白だし…大さじ2
酢…大さじ1

作り方

1. きゅうりは端を切り落とし、ピーラーで縞目に皮をむく。
2. ポリ袋に材料をすべて入れ、くちを縛って冷蔵庫に入れる。

Menu 4

玄米ごはん 100g

Menu 2

小松菜の中華スープ

材料 2人分

小松菜…2株
豆腐…1個
(3個パックのもの)
水…300ml
鶏ガラスープの素
…大さじ1
片栗粉…小さじ1
白ごま…ひとつまみ

作り方

1. 水を入れた鍋に鶏ガラスープの素を入れ、中火にかける。片栗粉は水大さじ1(分量外)で溶いておく。
2. 鍋がひと煮立ちしたら4cmに切った小松菜を入れ、豆腐を崩し入れる(容器ごとつぶしながら入れる)。
3. ふたたび煮立ったら、水溶き片栗粉を回し入れる。最後に白ごまを振る。

Day 3
朝食
ベーシックコース

シュウマイの皮で炭水化物&糖質補給!

✓ POINT 1

シュウマイの皮で糖質を補給

3日目の朝はごはんやパンを食べず、あまったシュウマイの皮で糖質を調整します。前日の夜に自分だけ皮なしで挑んだぶん、ここで水餃子風の味わいを楽しみましょう！

✓ POINT 2

餃子の皮を使う場合は？

シュウマイの皮よりも大きいので、水の量を2倍、調味料を1.5倍にして作ります。スープの量が多くなるため、具をメインに食べ、残ったスープは飲み干さないようにしてください。

使い
まわし

Menu

目をつぶれば水餃子

材料 1人分

シュウマイのタネ…きのうの残り
小松菜…1株
にんじん（ペラペラにんじん）…50g
シュウマイの皮…8枚
豆もやし…1/4袋
白すりごま…小さじ1/2
★鶏ガラスープの素…大さじ1
★チューブしょうが…3cm
★チューブにんにく…1cm
水…250ml

作り方

1. 小松菜は長さ4cmに切る。ペラペラにんじんをひとつかみ分（50g）と豆もやしを用意する。
2. 鍋に水と★印の調味料を入れて中火にかけ、煮立ったら①の野菜を加え、シュウマイのタネは小さなスプーンで小分けにしながら鍋に入れる。
3. ふたたび煮立ったらシュウマイの皮を1枚ずつ入れる。皮に火が通ったらすりごまをかける。

Day 3
昼食

ベーシックコース

鮭に含まれるアスタキサンチンは
脂肪燃焼&美肌効果も!

Menu 1

のりおにぎり

材料 1人分

玄米ごはん…100g
焼きのり…適量

作り方

❶ 玄米ごはんでおにぎりを作り、のりを巻く。
お茶碗に盛ったごはんにのりをかけるだけでもOK!

Menu 2

塩鮭の蒸し焼き

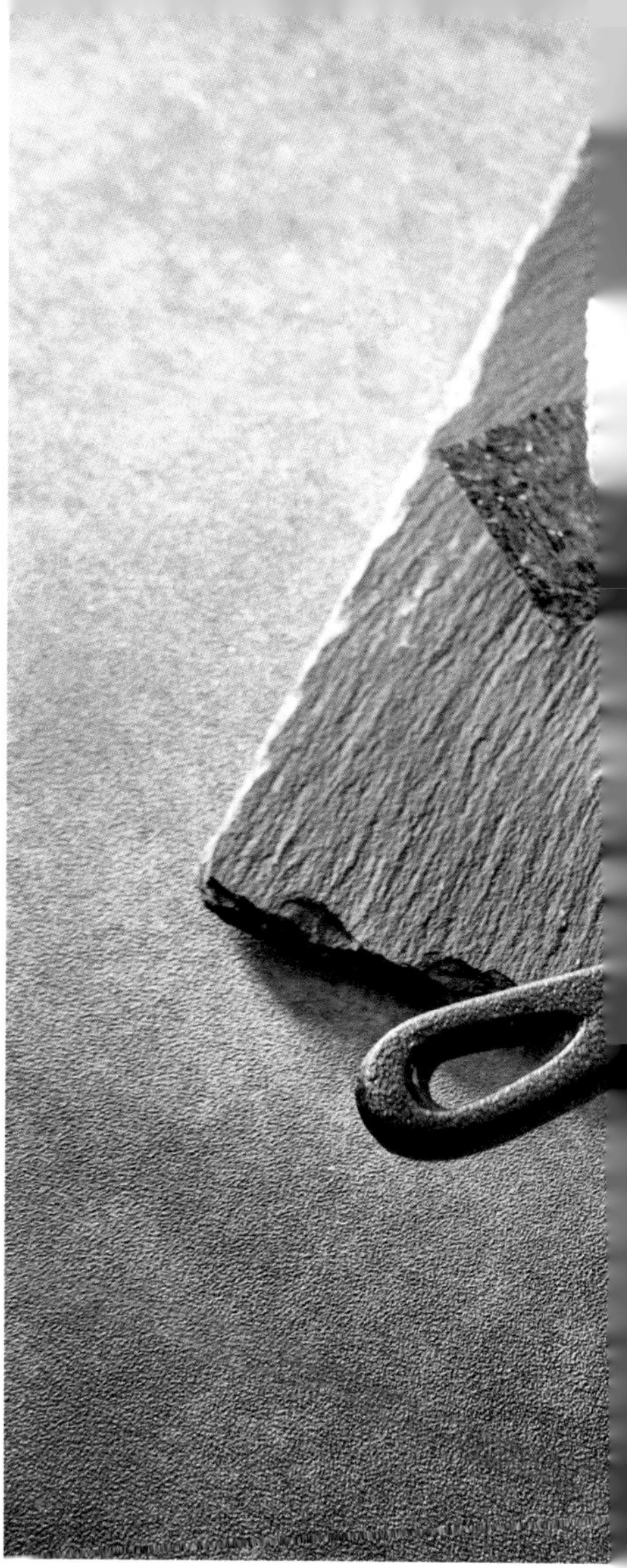

材料 1人分

塩鮭…2切れ
キャベツ…1/8玉
玉ねぎ…1/4個
にんじん（ペラペラにんじん）…50g
カットしめじ…30g
★みりん…大さじ1/2
★みそ…大さじ1
★チューブにんにく…2cm
★水…大さじ2

作り方

1. キャベツはひと口大に切り、玉ねぎは薄切りにする。★印の調味料をすべて混ぜておく。
2. フライパンに鮭を入れ、野菜をまわりに置いてから調味料を回しかけ、フタをして中火にかける。
3. 野菜がしんなりしてきたらフタを開け、必要であれば鮭をひっくり返して再びフタを閉じる。鮭に火が通ったらできあがり。

調理ずみの鮭1切れは翌日食べます！ 残しておいて

✔ POINT

翌日使う鮭は水分をきって保存する

フライパンから取り出した鮭は、キッチンペーパーで水分を拭き取り、ラップを巻いて冷蔵庫へ。表面に調味料が残っていても大丈夫です。

Day 3
夕食
ベーシックコース

ダイエット中とは
思えない!
家族全員大満足
のレシピ

Menu 1

ふんわり白身のわかめスープ

材料 2人分＋翌日の朝食分＝計3食分

卵の白身…2個分
乾燥わかめ…大さじ1
小口ねぎ…適量
白ごま…大さじ1
片栗粉…小さじ1
牛スープの素…小さじ3
水…400ml

作り方

1. 卵の白身は混ぜておく。片栗粉は大さじ1の水（分量外）で溶いておく。
2. 鍋に水を煮立てて沸騰したら、牛スープの素を入れて乾燥わかめを入れる。
3. わかめが戻ってきたら、①の水溶き片栗粉をまわし入れる。
4. もう一度煮立ったところで卵の白身を回し入れ、小口ねぎと白ごまを散らす。

スープは翌日も食べます！ 残しておいて

Menu 2

玄米ごはん 100g

Menu 3

ファミリービビンバ

材料 2人分

小松菜…1/2袋
ペラペラにんじん…50g
豆もやし…3/4袋　※朝食の残り
鶏ガラスープの素…小さじ2
鶏ひき肉…100g
白ごま…大さじ1（ナムル用）、適量（仕上げ用）
卵黄…2個
キムチ…30g　※子供用には入れません
焼きのり（お好みで）…適量
コチュジャン（お好みで）…大さじ1
★甜麺醤…大さじ1
★チューブにんにく…3cm
★チューブしょうが…3cm
★ナンプラー（あれば）…小さじ1

作り方

ナムル

4cmに切った小松菜、細切りにしたペラペラにんじん、豆もやしを耐熱容器に入れる。鶏ガラスープの素と白ごまを振りかけ、ラップをして600Wの電子レンジで5分加熱する。

そぼろ

温めたフライパンに鶏ひき肉を崩しながら入れ、★印の調味料をすべて入れる。鶏ひき肉は火が通るまで混ぜながら炒める。

盛りつけ

ごはんと具材を盛りつける。キムチと卵黄をのせ、その上にちぎった焼きのりと白ごまを振りかけて、コチュジャンをお好みで添える。

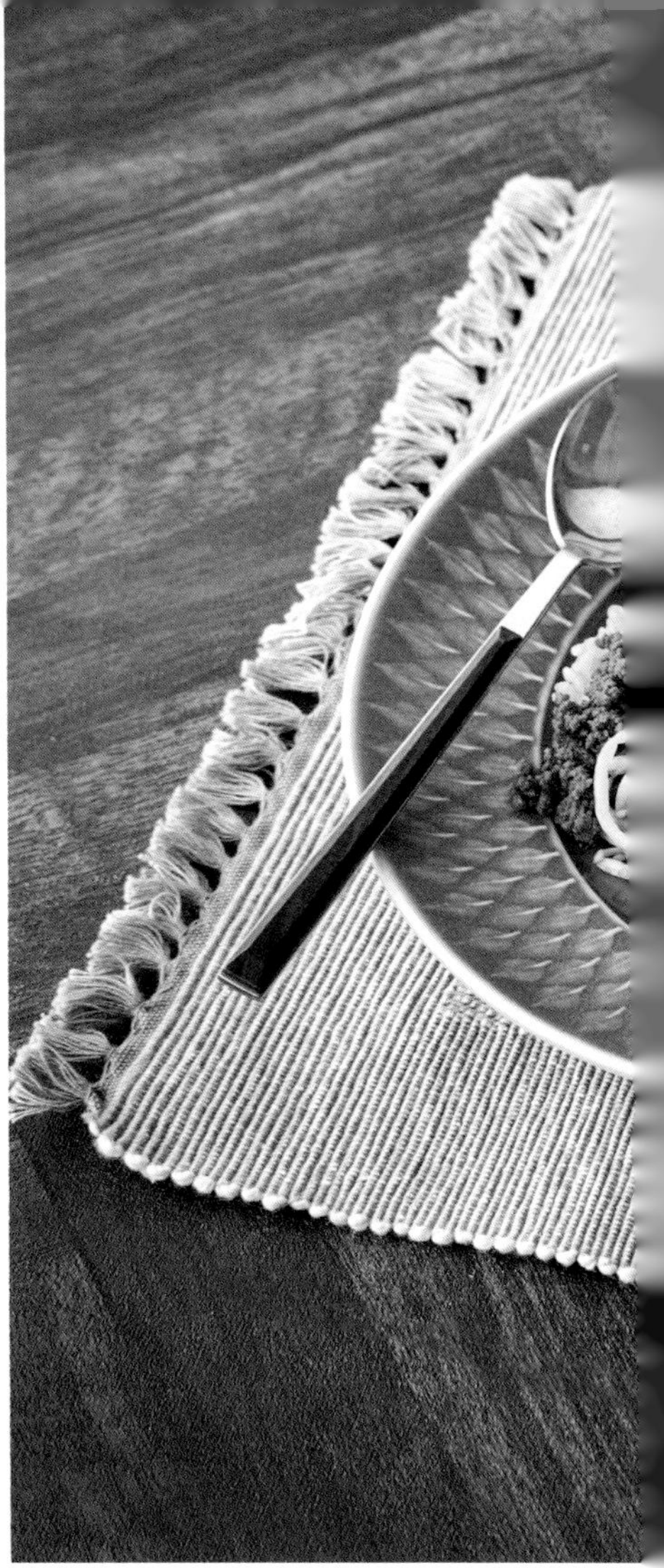

✓ POINT

ペラペラにんじんを重ねて簡単細切り

ペラペラにんじんを何枚か重ねて切ると、面倒な細切りも簡単に。専用スライサーを使う必要もありません。

ちょっと
手を止めて

5日間ダイエット前半戦ふり返り

Check Point

- □ ここまでレシピを完全再現しながら頑張った
- □ 間食、おやつを食べなかった
- □ ドローイン（86ページ～）を1日10回以上はやったと思う
- □ いつもより意識的に体を動かした
- □ 普段あまり食べない食材にもチャレンジできた
- □ 家族用を除き、ジャンクフードを買わなかった
- □ ごはんがおいしいと感じながら日々過ごせた
- □ 頑張っている自分を少し好きになれた

2～3個なら YES?	1～2項目 アヤシイ	すべて YES
大丈夫、大丈夫！ 前の自分と少しでも違うなら進化している証拠。脳も少しずつ健康志向になっていくよ。	全然オッケー！ すべて完璧じゃなくたって大丈夫。そこそこクリアしていれば結果は必ず出ます！	最高、最高！ 本を見ながら食事を用意するだけでも素晴らしいのに天才的努力です。ありがとうございます！

ダイエット成功の秘訣は「できたこと」に注目する

追い込まないで楽しみながらやる

毎日ものすごい量のタスクをこなしているみなさんこんにちは。朝起きて夜寝る、ただそれだけでも大変なことなのに、家事育児……仕事に加え、目の前に立ちはだかる名もなき問題と格闘しつつも、さらにダイエットを試みるそのメンタル。まさに超人としか言いようがありません。もし、この3日間が完璧にできていなくても大丈夫。できた部分を「よし！」と確認して、あと2日間乗りきりましょう！完璧にできてるぜチームは、そのまま最終日まで爆走しちゃってください!!! ハイパー――――!!!

体重計にとらわれすぎない

乗っちゃってる？乗っちゃいますよね

ダイエットをはじめると、やはり気になるのは体重。頑張っているときほど、１日に何度も体重計に乗って確認したくなるものです。でも、個人的にはあまり気にしなくていいかなって思います。水を飲むたび、トイレに行くたびに体重は変わるので、初日と最終日に体重計を確認するくらいで大丈夫。

　大人の我々が気にすべきは、体重よりも見た目！　毎日のチェックはお腹まわりをさわって確認するのがおすすめです。たとえ変化がなくても、写真ではスタイルが激変していることがわかるので、終了後の写真撮影をどうぞお楽しみに。

Menu

きゅうりの1本漬け

（4日目朝用）

さ、
後半戦に向けて
きゅうり
漬けとくか！

材料　1人分

きゅうり…1本
白だし…大さじ1
酢…大さじ1/2

作り方

1. きゅうりは端を切り落とし、ピーラーで縞目に皮をむく。
2. ポリ袋に材料をすべて入れ、くちを縛って冷蔵庫に入れておく。

これで後半戦も準備万端！

Day 4
朝食
ベーシックコース

サラダは
ドレッシングなしで
オイルをカット

使い
まわし

Menu 1

ふんわり白身のわかめスープ

材料 1人分

きのうの残り…1食分

作り方

1. 温め直して器によそう。

使い
まわし

Menu 2

鮭ごはん

材料　1人分

保存していた鮭…1切れ
小口ねぎ…適量
玄米ごはん…100g

作り方

1. 前日蒸し焼きにした鮭をほぐす。
2. ごはんの上に鮭と小口ねぎをのせる。

✔ POINT

ラップごとほぐせばOK!

ラップに包んだ鮭は、そのままもんでほぐします。小鉢や菜箸を用意する手間が省け、簡単かつスピーディです。

Menu 3

生野菜サラダ

材料　1人分

レタス…2枚
トマト…1/4個
きゅうりの1本漬け…1/2本
ミックスソルト（ふ〜塩）…適量

作り方

1. レタスは適当な大きさにちぎり、トマトはくし切り、きゅうりの1本漬けはさいの目切り（乱切りや輪切りでもOK）にする。
2. 器に盛りつけ、ミックスソルトを振りかける。

✔ POINT

ドレッシングを使わない

によ飯はオイルカットが基本。サラダにはミックスソルトで味つけを。にーよんは地元・熊本の「ふ〜塩」がお気に入りです。カルディでも買えますよ！

Day 4
昼食

ベーシックコース

糸こんにゃくは
低糖質&低カロリー

Menu 1

大満足 糸こんチャプチェ

材料　1人分

ペラペラにんじん…50g
ほうれん草…2株
ニラ…3本
カットしめじ…50g
糸こんにゃく(しらたき)…1袋(200g)
ツナ缶(水煮)…1缶
白ごま…ひとつまみ
★チューブしょうが…2cm
★チューブにんにく…2cm
★しょうゆ…小さじ1
★オイスターソース…小さじ1
★鶏ガラスープの素…小さじ1/2

作り方

1. ペラペラにんじんは重ねて細切り、ほうれん草は4cm、ニラも4cmに切る。糸こんにゃくはざるにあけ、キッチンばさみで食べやすい長さに切る。
2. ★印の調味料をすべて混ぜ合わせる。
3. フライパンを温め、糸こんにゃくを入れたら強火にして水気を飛ばす。
4. 糸こんにゃくの水気がきれたら汁ごとツナ缶を加え、野菜もすべて入れて炒める。
5. 全体に火が通ったら、②の調味料をまわし入れて味をなじませる。器に盛りつけて白ごまを振る。

✓ POINT

調味料はあらかじめ混ぜておく

料理はスピードも大事。調味料は序盤に混ぜておき、火を入れたら一気に仕上げます。

Menu 2

カッチーとトマトのサラダ

材料　1人分

カッテージチーズ…大さじ2
トマト…1/2個
★はちみつ…小さじ1
★酢…小さじ1
★ミックスソルト(ふ〜塩)…少々
ブラックペッパー…お好みで

作り方

1. 横半分に切ったトマトを4等分にスライスする。★印の調味料を混ぜておく。
2. トマトの間にカッテージチーズをはさんで、器に盛り、①の調味料をかける。お好みでブラックペッパーを追加するのもおすすめ。

Menu 3

玄米ごはん 100g

Day 4
夕食

ベーシックコース

Menu 1

やみつきサラダ

材料 2人分

サニーレタス…160g
きゅうり…1/2本
水菜…1株
白ごま…大さじ1
焼きのり…適量
★チューブにんにく…2cm
★鶏ガラスープの素…小さじ1/2
★しょうゆ…大さじ1/2

作り方

1. サニーレタスは食べやすい大きさにちぎる。きゅうりは細切り、水菜は4cmに切る。
2. ★印の調味料を混ぜておく。
3. ボウルに①の野菜、白ごま、焼きのりを入れ、②の調味料と和える。

Menu 2

ヘルシー チキンカレー

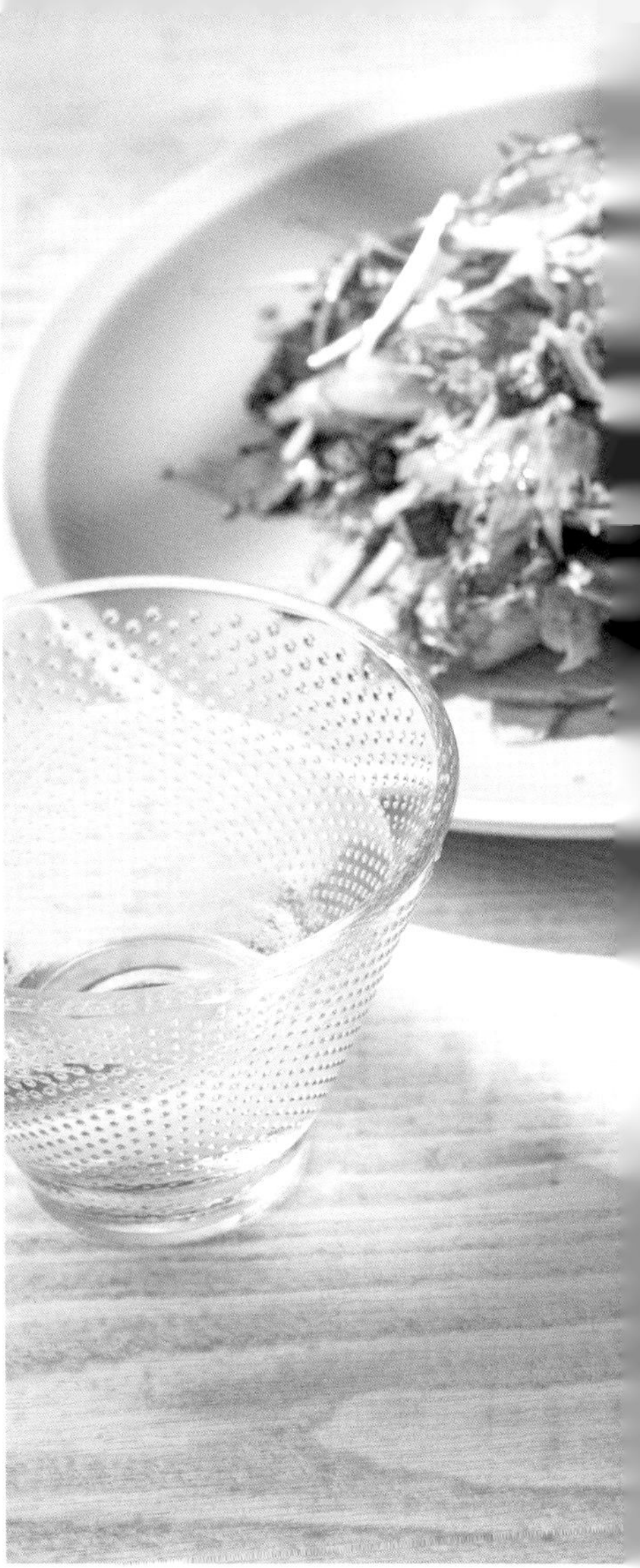

材料 2人分

鶏もも肉…1枚（250g）
ほうれん草…2株
玉ねぎ…中1個
カットしめじ…50g
トマト缶（カット）… 1缶
チューブにんにく…5cm
チューブしょうが…2cm
アーモンドミルク（無糖）…200ml
コンソメ…1個（小さじ2）
塩…適量
クミン…適量
★カレールゥ…1かけ
★はちみつ…小さじ1
★オイスターソース…小さじ1
自分用のごはん…玄米ごはん100g

作り方

1. 鶏肉はひと口大に切って塩を振る。ほうれん草は長さ3cmに、玉ねぎは薄切りにする。
2. フライパンを温めたら鶏肉の皮を下に向けて置き、弱火でじっくり焼き目がつくまで焼いて一旦取り出す。
3. 鶏肉から出た脂でにんにくとしょうが、玉ねぎとしめじを炒める。玉ねぎに火が通ったら、ほうれん草を加えてさらに炒めて、クミンを振る。
4. 野菜がしんなりしたら、取り出した鶏肉を加えトマト缶とアーモンドミルク、コンソメ、★印の調味料を入れて5分煮込む。

※カレールゥをカレー粉大さじ1に変更すると、よりヘルシー！

✓ POINT

肉から出た脂で野菜を炒める

フライパンや鍋には油をひかず、食材から出た脂で調理します。鶏もも肉はあえて脂肪を取り除かず、そのまま焼いて玉ねぎなどの野菜を炒めましょう。

Day 5
朝食

ベーシックコース

むくみを解消する
カリウム&食物繊維たっぷり

材料 1人分

玉ねぎ…1/2個
水菜…1株
トマト缶（カット）…100g
ツナ缶（水煮）…1缶
無調整豆乳…200ml
水…100ml
コンソメ…1個（小さじ2）

作り方

1. 玉ねぎは薄切り、水菜は長さ4cmに切る。ツナ缶は汁をきっておく。
2. 水と玉ねぎ、コンソメを鍋に入れて中火にかける。
3. 玉ねぎに火が通ったら水菜、トマト缶、ツナ缶を入れひと煮立ちさせる。
4. 豆乳を入れたら火を止め、ゆっくり混ぜる。

カップ1杯分残し、昼食でも飲みます！ 残しておいて

Menu 2

しっとり さつまいも

材料 2食分

さつまいも…中1本(約300g)

作り方

1. 軽く洗ったさつまいもを1cm幅に切る。
2. 濡らしたキッチンペーパーを耐熱皿に敷き、さつまいもをのせて、もう1枚の濡らしたキッチンペーパーで全体をくるむ。
3. ラップをかけて200Wの電子レンジで15分加熱する。
4. 半分量を器に盛る。

※電子レンジに200Wの設定がない場合は解凍モードを使用し、様子を見ながら追加加熱してください。

食べるのは半分のみ。残りは昼食用に。 残しておいて

✔ POINT

濡らしたキッチンペーパーで全体をくるむ

加熱で水分が逃げないように濡らしたキッチンペーパーを使います。またラップをかけることで蒸されるため、すごくしっとりした食感に！

Menu 1

ピンクスープ

Day 5
昼食
ベーシックコース

たっぷりサラダで
脂肪ちぎり捨て
ラストスパート！

Menu 1

本気のボリュームサラダ

材料　1人分

鶏もも肉…1枚（250g）
サニーレタス…100g
しいたけ…2個
長ねぎ…1/2本
塩・こしょう…適量
クッキングシート
お湯の入った鍋

ソース

玉ねぎ…1/2個
トマト…中1/4個
水菜…1株
★チューブにんにく…1cm
★チューブしょうが…1cm
★酢…大さじ2
★ミックスソルト（ふ～塩）…適量

作り方

1. サニーレタスは適当な大きさにちぎり、長ねぎは長さ4cmに、しいたけは軸を切り落として半分に切る。鶏肉に塩・こしょうを振る。
2. 皮目を下にした鶏肉、長ねぎ、しいたけをフライパンに置き、火にかける。弱火でじっくり焼くのがポイント。
3. フライパンの上にクッキングシートをかぶせ、その上に湯の入った鍋をのせて5分ほど焼く。

ソース

4. ★印の調味料をすべて混ぜる。玉ねぎ、トマト、水菜を粗みじん切りにする。
5. 調味料に④の切った野菜をすべて入れる。

盛りつけ

6. 焼いた鶏肉をひと口大に切る。器に入れたサニーレタスの脇に長ねぎ、しいたけ、鶏肉を盛りつけてソースをかける。

※量が多いので、食べきれないときは肉を残しましょう。

✓ POINT

湯の入った鍋で押し焼き

鶏肉をギュッと押しつけながら焼くと、皮がパリパリに仕上がります。鍋のかわりに湯の入ったやかん、または平皿などを使ってもOK！　出てきた脂はキッチンペーパーで拭き取ります。

使い
まわし
Menu 3

さつまいも

材料　1人分

朝食の残りのさつまいも…1/2本分
サラダと一緒に盛りつけて。

使い
まわし
Menu 2

ピンクスープ

材料　1人分

朝食の残りのスープ…カップ1杯分
温め直しても、そのままでもお好みで。

Day 5
夕食

ベーシックコース

最終日は
野菜食べ放題！
ちゃんこ鍋で大満足！

Menu 1

みそちゃんこ鍋

材料 2人分

白菜…1/4株
残っている野菜
残っているきのこ類
木綿豆腐…1/2丁(150g)
長ねぎ…1本
豚もも肉(薄切り)…300g
★みそ…大さじ6
★にんにくチューブ…4cm
★しょうがチューブ…4cm
水…1000ml

作り方

1. 豚もも肉は食べやすい大きさに切る。★印の調味料を混ぜておく。野菜やきのこも食べやすい大きさに切る。
2. 豆腐は厚さ1/2にしてから4つに切る。水、野菜、きのこを鍋に入れて火にかける。
3. 豚肉を入れ、火が通ったら①の調味料を溶き入れる。

✔ POINT

具材が足りないときは
豚汁用パウチ野菜を使用するのもgood

野菜はおかわり自由! 冷蔵庫に余っている野菜をぜんぶ入れましょう。根菜がもっと欲しい場合はパウチの豚汁具材などを活用すると、具だくさんの鍋を楽しめます。

Menu 2

玄米ごはん 100g

5日間完走
お疲れさまでした!

スッキリしたボディの
After写真を撮って77ページへ

2

自炊少なめ 時短コース

START!

Super Easy Course

自炊の回数、必要な食材がぐっと抑えめで、
より手軽に脂肪をちぎりたい人に向けたコース。
野菜鍋&雑炊で5日間走り抜けます!

最小限の調理で最大限の効果を出す!

第1弾の書籍を出した当時は、そのときの私と同じ〝自宅にいる産後女性〟をイメージして作ったのですが、思いのほか「お昼は外食です」とか「家族4人分も作りません」というご意見を多くいただきました。

そこで今回は、外食ランチ前提のコースをご用意。外食ランチといってもコンビニごはんで乗りきるコースなので、面倒なお弁当作りもありません。この5日間だけは、同僚とのランチミーティングも「いま脂肪をちぎっているので、また今度!」と延期を願い出ていただけますと幸いです。

あとは夜に野菜鍋を作り、翌朝それを雑炊にするだけ。スープがあまった場合は、なるべく飲み干さないようにしましょう(塩分カット。水も飲んでね♡)。どれも簡単なレシピなので、ぜひ挑戦してみてください。脂肪を燃やすぞ、ハイパー!

こんな人におすすめ

- ひとり暮らしの人
- 働いていてお昼は外食の人
- お料理があまり好きじゃない人

昼食
コンビニごはん

◀

夕食
野菜鍋
作るのはほぼこの1食のみ

◀

朝食
雑炊
前日の夕食の使いまわし

Day 1
朝食
自炊少なめ時短コース

Day 1 昼食

ミネストローネ ＋ 豆腐バー
プロテイン飲料 ＋ 鮭おにぎり

野菜たっぷりのミネストローネと鮭おにぎり。さらに豆腐バーとプロテイン飲料で、初日は十分お腹を満たせる量のお昼ごはんに。鮭のアスタキサンチン、トマトに含まれるリコピンは美肌効果もバッチリ。プロテイン飲料は、ソイ（＝大豆）プロテインがおすすめです。

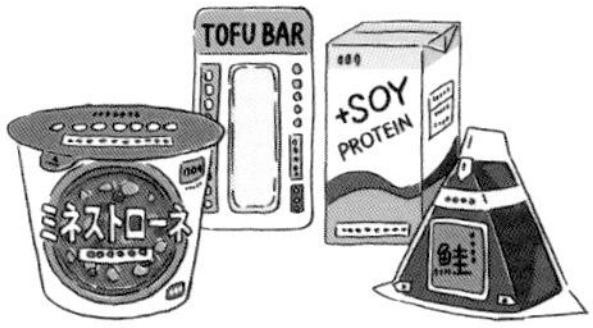

Menu

たんぱく爆弾雑炊

材料 1人分

小松菜…1株
ブロッコリー…2〜3房
カニかま…1本
カットしめじ…適量
玄米ごはん…50g
卵…1個
豆腐…1/2個（3個パックのもの・75g）
焼きのり…お好みで
鶏ガラスープの素…小さじ1
水…250ml

作り方

1. 鍋に水と鶏ガラスープの素を入れて沸騰させ、長さ4cmに切った小松菜、ブロッコリー、ほぐしたカニかま、しめじ、食べやすい大きさに切った豆腐、ごはんを加える。卵は溶きほぐしておく。
2. 中火で5分煮込んだら、溶いた卵をまわしかけて弱火で1分ほどフタをして蒸らす。
3. 器に盛り、お好みで焼きのりを細かくちぎってのせる。

✓ にーよんMEMO

気合の入っている1日目は朝食から手作りで（前日仕込んでもOK）。塩分を控えるためにも、あまったスープは飲み干さないのがポイントです。

Day 1
夕食
自炊少なめ時短コース

Menu 1

チキンミルク鍋

材料 1人分(＋翌日分)

- 鶏もも肉…1枚(250g)
- 白菜…1/4株
- 長ねぎ…1/2本(葉の緑の部分から使用)
- しいたけ(きのこ類ならなんでも可)…30g
- 豆腐…朝食の残り(1/2個)
- アーモンドミルク(無糖/無調整豆乳でも可)…100ml
- 塩…小さじ1/2
- ★酒…大さじ1
- ★鶏ガラスープの素…小さじ2
- ★チューブにんにく…3cm
- ★チューブしょうが…3cm
- 水…300ml

作り方

1. 鶏肉は皮を取りのぞいてひと口大に切って塩を振る。白菜はざく切り、長ねぎは3cm幅の斜め切り、しいたけは軸を切って3mm幅の薄切りにする。豆腐はひと口大に切る。
2. 鍋に水と★印の調味料を入れて沸騰したら、アーモンドミルクと①の具材を加えて中火で5分ほど煮込む。

具材とスープは翌朝用に半量残します

残しておいて

Menu 2

玄米ごはん 100g

Day 2
朝食

自炊少なめ時短コース

Day 2 | 昼食 |

たんぱく質入り春雨スープ ＋ 納豆巻き ＋ 野菜ジュース オイコス(プレーン加糖)

「たんぱく質入り春雨スープ」はセブン-イレブンの商品をイメージしていますが、手に入らなければ蒸し鶏と卵のサラダなど“たんぱく質”に注目して選ぶのがポイント。野菜ジュースは紙パック（200ml）が分量的に◎。納豆が苦手な方は、別のおにぎりでもOKです！

Menu

鍋から
アレンジ

チキンミルク雑炊

材料 1人分

きのうのチキンミルク鍋の残り
糸かんてん　ひとつまみ
玄米ごはん…50g

作り方

昨夜のチキンミルク鍋の残りに玄米ごはんを加え、中火で3分煮込む。食べる直前に糸かんてんを入れる。

✓ にーよんMEMO

前日の残りのスープを玄米ごはんと一緒に温めて、糸かんてんをトッピングするだけ！

Day 2
夕食
自炊少なめ時短コース

みその量は
お好みでアレンジOK
Transform

Menu 1

さば缶みそ鍋

材料 1人分（＋翌日分）

白菜…1/4株
長ねぎ…1/2本（白いほう）
えのき…100g
豆腐…1個（3個パックのもの・150g）
さば缶（水煮）…1缶
みそ…大さじ1
顆粒だし…小さじ2
チューブしょうが…3cm
水…400ml

作り方

1. 白菜はざく切り、長ねぎは斜め薄切り、えのきは石づきを切り落とす。豆腐はひと口大に切る。
2. 鍋に水、みそ、顆粒だし、しょうがを混ぜ入れる。
3. 鍋を火にかけ、野菜、豆腐を入れ煮立てる。
4. 野菜に火が通ったら、さば缶を煮汁ごと入れる。

具材とスープは翌朝用に半量残します　残しておいて

Menu 2

玄米ごはん 100g

Day 3
朝食
自炊少なめ時短コース

Day 3 | 昼食 |

ミニとろろそば + ゆで卵
袋入りサラダ + 豆大福

3日目は甘味も入れてテンションUP！ あんこは脂質の少ないヘルシースイーツ。サラダの種類は何でもOKです。美容健康によいとろろのネバネバを、そばで取り入れましょう。そばが食べられない方は、好きなおにぎりに変更しても大丈夫です。

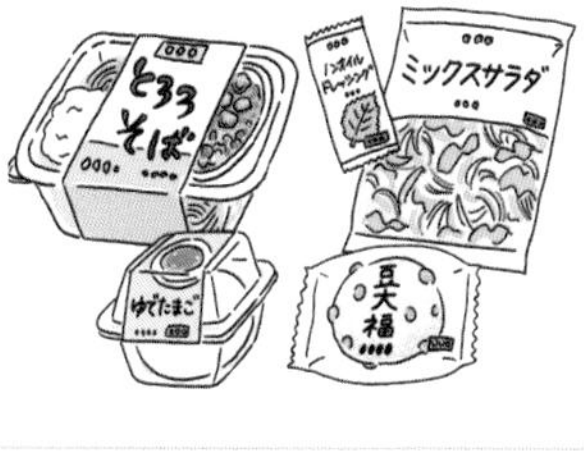

Menu

鍋からアレンジ

さば缶みそ雑炊

材料 1人分

きのうのさば缶みそ鍋の残り
糸かんてん…ひとつまみ
玄米ごはん…50g

作り方

昨夜のさば缶みそ鍋の残りに玄米ごはんを加え、中火で3分煮込む。食べる直前に糸かんてんを入れる。

✓ にーよんMEMO

さば缶を食べると“やせホルモン”GLP-1がアップ！中性脂肪を減らし、代謝も上がります。

Day 3
夕食

自炊少なめ時短コース

折り返し地点を過ぎ
そろそろ油断したくなる頃!?
ドローインも忘れずに!

Menu 1

担々ちぎり鍋

材料 1人分（＋翌日分）

長ねぎ…1本
ニラ…3本
小松菜…1株
えのき…40g
鶏ひき肉…150g
もやし…1/2袋
みそ…大さじ1
甜麺醤…大さじ1
豆板醤…お好みで
白すりごま…小さじ2
★鶏ガラスープの素…小さじ2
★酒…大さじ1
★チューブにんにく…3cm
★チューブしょうが…3cm
アーモンドミルク（無糖/無調整豆乳でも可）…100ml
水…300ml

作り方

1. 長ねぎは斜め薄切り、ニラと小松菜は長さ4cmに切る。えのきは石づきを切り落として長さ3cmに切る。
2. 鍋に水と★印の調味料を入れて沸騰したら、アーモンドミルク、鶏ひき肉、①の野菜ともやしを加えて、中火で5分煮込む。
3. みそと甜麺醤とお好みで豆板醤を溶き入れて1分煮込み、すりごまを振りかける。

具材とスープは翌朝用に半量残します　残しておいて

Menu 2

玄米ごはん 100g

Day 4
朝食

自炊少なめ時短コース

Day 4 ｜昼食｜

チキンサラダ＋豚汁＋いなりずし

蒸し鶏や卵の入った大きめサラダに豚汁を添えて。主食にはいなりずしを選んでみました（別のおにぎりでもいいですよ！）。いなりずしは太ると敬遠する人も多いのですが、①サラダを先に食べる②食べるのは1個にすることで、ダイエット中でも楽しめます。

Menu

鍋から
アレンジ

担々ちぎり雑炊

材料 1人分

きのうの担々ちぎり鍋の残り
糸かんてん…ひとつまみ
玄米ごはん…50g

作り方

昨夜の担々ちぎり鍋の残りに玄米ごはんを加え、中火で3分煮込む。食べる直前に糸かんてんを入れる。

にーよんMEMO

豆板醤を入れて辛みを足すと代謝もアップ。ドローインなどの運動を取り入れれば、さらに脂肪燃焼を促進！

Day 4
夕食

自炊少なめ時短コース

鶏肉のかわりに
ツナを使っても
おいしくできます!

Menu 1

トマト鍋

材料　1人分（＋翌日分）

鶏もも肉…1枚（250g）
キャベツ…1/8玉
玉ねぎ…1/2個
にんじん…1/4本
ブロッコリー…1/4個
エリンギ…1本
カットしめじ…50g
さけるチーズ…1/2本
★トマトジュース…1缶（190g）
★コンソメ…1個（小さじ2）
★ミックスソルト（ふ～塩）…適量
水…200ml

作り方

① 鶏肉とキャベツはひと口大、玉ねぎは薄めのくし切りにする。にんじんは厚さ5mmの輪切りに。ブロッコリーは小房に分ける。エリンギは半分の長さにしてくし切りにする。
② 鍋に水を入れて火にかけ、★印の材料をすべて入れる。煮立ったら、鶏肉、玉ねぎ、にんじん、しめじ、エリンギの順に加えて煮る。具材に火が通ったらキャベツ、ブロッコリーも加えてさらに2分煮る。
③ 最後にさけるチーズを加えて盛りつける。

具材とスープは翌朝用に半量残します　残しておいて

Menu 2

玄米ごはん 100g

Day 5
朝食

自炊少なめ時短コース

Day 5 | 昼食 |

チョレギサラダ + チキンサンド グリーンカレースープ

最終日のランチは、わかめなどがたっぷり入ったチョレギサラダ。サンドイッチには“たんぱく質が摂れる”チキンサンドをセレクト。どのコンビニでも見かけます。グリーンカレースープはレアなので、適宜、脂肪少なめのスープを選んでみてください。

Menu

鍋から
アレンジ

トマト雑炊

材料　1人分

きのうのトマト鍋の残り
糸かんてん…ひとつまみ
玄米ごはん…50g
さけるチーズ…1/2本
黒こしょう…お好みで

作り方

昨夜のトマト鍋の残りに玄米ごはんを加え、中火で3分煮込む。食べる直前に糸かんてんとさけるチーズをのせる。黒こしょうを振るのもおすすめ。

にーよんMEMO

美容効果の高いトマトの鍋で美肌をキープしながら脂肪をちぎろう！

Day 5
夕食

自炊少なめ時短コース

最終日は
豚しゃぶパーティ！
野菜は
食べ放題ですよ〜！

Menu 1

しゃぶしゃぶ鍋

材料　1人分

しゃぶしゃぶ用豚肉ロース…100g（5枚程度）
残りもの野菜（長ねぎやニラ、きのこなど）…好きなだけ
白菜…1/4株
豆腐…1個（3個パックのもの）
白だし…50ml
酒…大さじ1
水…450ml

たれ
チューブにんにく…少量
ポン酢しょうゆ…適量

作り方

1. 鍋に水と白だし、酒を入れて火にかける。野菜や豆腐は適当な大きさに切っておく。
2. 沸騰したら①の具材を加え、中火で5分煮込む。
3. 豚肉をしゃぶしゃぶして、火が通ったら野菜を巻き、たれにつける。

Menu 2

玄米ごはん 100g

Finish

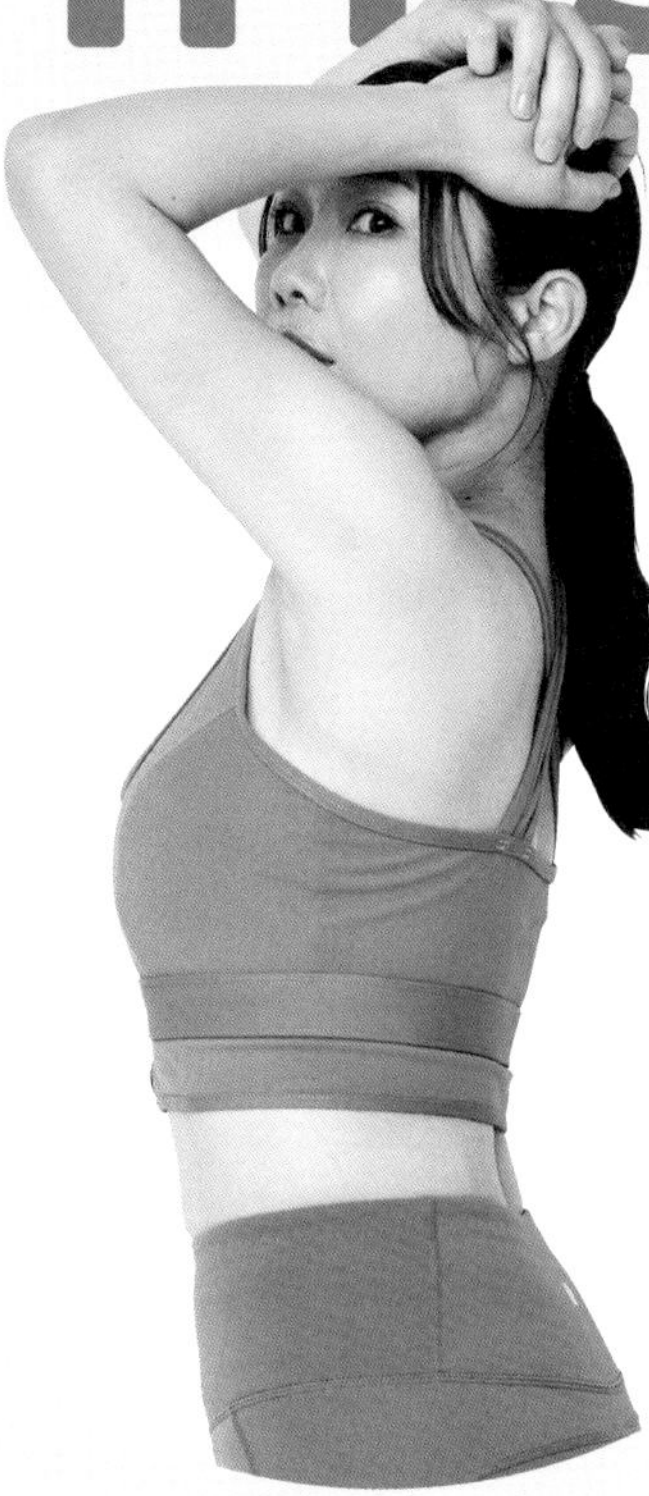

5日間完走
お疲れさまでした!

写真を撮って「5日間の成果」を確かめよう

5日間ダイエット、お疲れさまでした! 完璧にできなかったとしても大丈夫、最後までやりきっただけで100点満点です。

では脂肪ちぎり捨てダイエット恒例、ここで再び写真撮影会を実施しましょう。5日前の体と比べてどうですか? くびれ、できてませんか? 特に背中から見たときの腰まわりとか。たった5日ですよ!? 次は今回と別コースのレシピを取り入れたりして、また5日間ダイエットを試してみてください。ダイエットは続くよ、どこまでも。ハイパァァァァ――!!

家族の不満をツブす にーよん流 ガッツリ系ダイエットごはんのヒント

もっとコッテリしたものが食べたい!? これでどうだ！

ダイエットをしたいのに、家族のことを考えると難しい！　ガッツリこってり、よく食べてくれるメニューを用意したい（あわよくば自分も食べたい）。ダイエットに気合が入っていても、別メニューを用意するのは大変……そんなときに役立つメニューをご用意しました。

揚げてる風で揚げてない、こってり風だけどカロリー控えめ。ヘルシーご飯をNOと言う家族でも満足する、ダイエット&ガッツリごはん、究極の折り合いメシの完成です！　5日間ダイエットの期間中に取り入れてもいいですし、ダイエット完了後のデイリーレシピにもぜひ採用してください！

ガッツリMenu
1

鶏むねカルボナーラ

材料
2人分

鶏むね肉…1枚（400g）
玉ねぎ…1/2個
さけるチーズ…2本
カットしめじ…100g
ツナ缶…1缶
卵…1個
牛乳…120ml
片栗粉…大さじ2
★酒…大さじ2
★チューブにんにく…2cm
コンソメ…1と1/2個（大さじ1）

作り方

1. 鶏むね肉はそぎ切りにしてフライパンの中で片栗粉をまぶし、薄切りにした玉ねぎとしめじ、汁をきったツナ、★印の調味料を加えてフタをし、弱火で加熱する。
2. 鶏肉がうっすら白っぽくなったら、さいたチーズを入れてフタをして肉に火を通す。
3. コンソメと牛乳半量を加えてチーズとよく混ぜ、火を止める。フライパンに残りの牛乳と割りほぐした卵を加えて混ぜながら余熱で火を通す。

豆腐とツナのスコップコロッケ

材料
2〜3人分

木綿豆腐…1丁(350g)
豚ひき肉…80g
玉ねぎ…1/2個
ツナ缶(水煮)…1缶
塩・こしょう…少々
顆粒コンソメ…大さじ1
パン粉…30g
片栗粉…大さじ1と1/2
ソース…お好みで
パセリ…お好みで

作り方

❶ 玉ねぎを粗みじん切りにする。
❷ フライパンを熱し、豚ひき肉と玉ねぎを炒める。豆腐とコンソメを加え、豆腐をつぶしながら玉ねぎに火が通るまで炒める。
❸ さらにツナ缶(汁ごと)と片栗粉を加えて2分ほど炒め、塩・こしょうで味を調えたら火を止めて器に盛る。
❹ フライパンを火にかけ、パン粉がきつね色になるまでからいりする。できたパン粉を③に振りかけ、ソースやみじん切りにしたパセリをかける。
※パン粉は食べる直前にかけるのがおすすめ!

こう見えて実は
"たんぱく爆弾"
ひとりランチにも◎

レンチンお好み焼き

材料
2人分

キャベツ…120g
豆腐…2個（3個パックのもの・300g）
ツナ缶（水煮）…1缶
卵…2個

鰹節、青のり、お好み焼きソースはお好みで。
マヨネーズはカロリーハーフを使用します。

作り方

1. キャベツを千切りにする。
2. 耐熱皿に豆腐とツナ缶（汁ごと）、卵を割り入れ、①を加えて混ぜる。
3. ラップをかけて600Wの電子レンジで5〜6分加熱する。

※水分が出やすいので、4人分作る場合は2回に分けて作るのがおすすめです！

マヨなしの
タルタルソースが
ポイント

揚げないチキン南蛮

材料 2人分

鶏むね肉…1枚(400g)
卵…2個
おからパウダー…大さじ2
酒…大さじ2
塩・こしょう…少々

南蛮たれ

しょうゆ…大さじ1
酢…大さじ1
はちみつ…小さじ2
⇒すべて混ぜておく

天才タルタルソース

きゅうり…1/2本
玉ねぎ…1/4個
ゆで卵…2個
オイコス
(プレーン加糖)…1個
酢…大さじ1
ミックスソルト(ふ〜塩)
…適量
黒こしょう…お好みで

✔ POINT 卵で鶏肉を包むようにひっくり返す

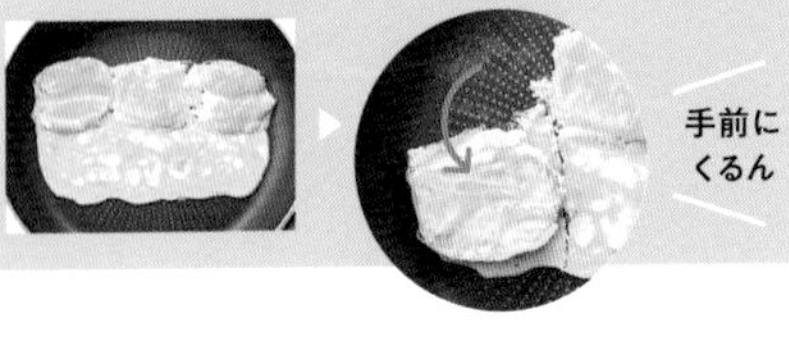
手前に
くるん

作り方

天才タルタルソース

1. きゅうりと玉ねぎをみじん切りにする。
2. ポリ袋に①の野菜とゆで卵、オイコスを入れたら手でもんでつぶし、酢とミックスソルト、黒こしょうで味を調える。

チキン南蛮

1. 鶏むね肉は大きめのそぎ切り6つに分け、酒、塩・こしょうをもみ込む。卵を割って卵液を作っておく。
2. ①の鶏肉におからパウダーをまぶし、すべての肉を卵液にくぐらせる。
3. 6つのうちの3切れをフライパンに置き、中火にかけて、残った卵液を半量流し入れる。卵液が固まりはじめたら、鶏肉を卵側にひっくり返して包む(左図参照)。
4. 火が通ったら南蛮たれ半量を絡ませて、全体になじませる。
5. 残った3切れの鶏肉で、もう1度同じ工程をくり返す。

3

5日間ダイエットに欠かせない

ドローイン攻略法

みなさん、ちぎった脂肪ってどこに消えるかご存じですか？答えは「二酸化炭素と体液」。ん、二酸化炭素？ということは息で出るの？ どうやら、そうらしいです。なんと中性脂肪の80％以上が、最後に呼吸として排出されるのだとか。てっきりトイレで出ているものとばかり思っていましたが、なんと息！ つまりは呼吸でした。

というわけで、今回の本でも運動はドローイン推奨です。脂肪を吐き出すイメージで毎日取り組めば、何度もやる気が出ること間違いなし。「脂肪を出す！」という気持ちで、忘れず取り組んでいただけますと幸いです。

息を吸って吐くだけで

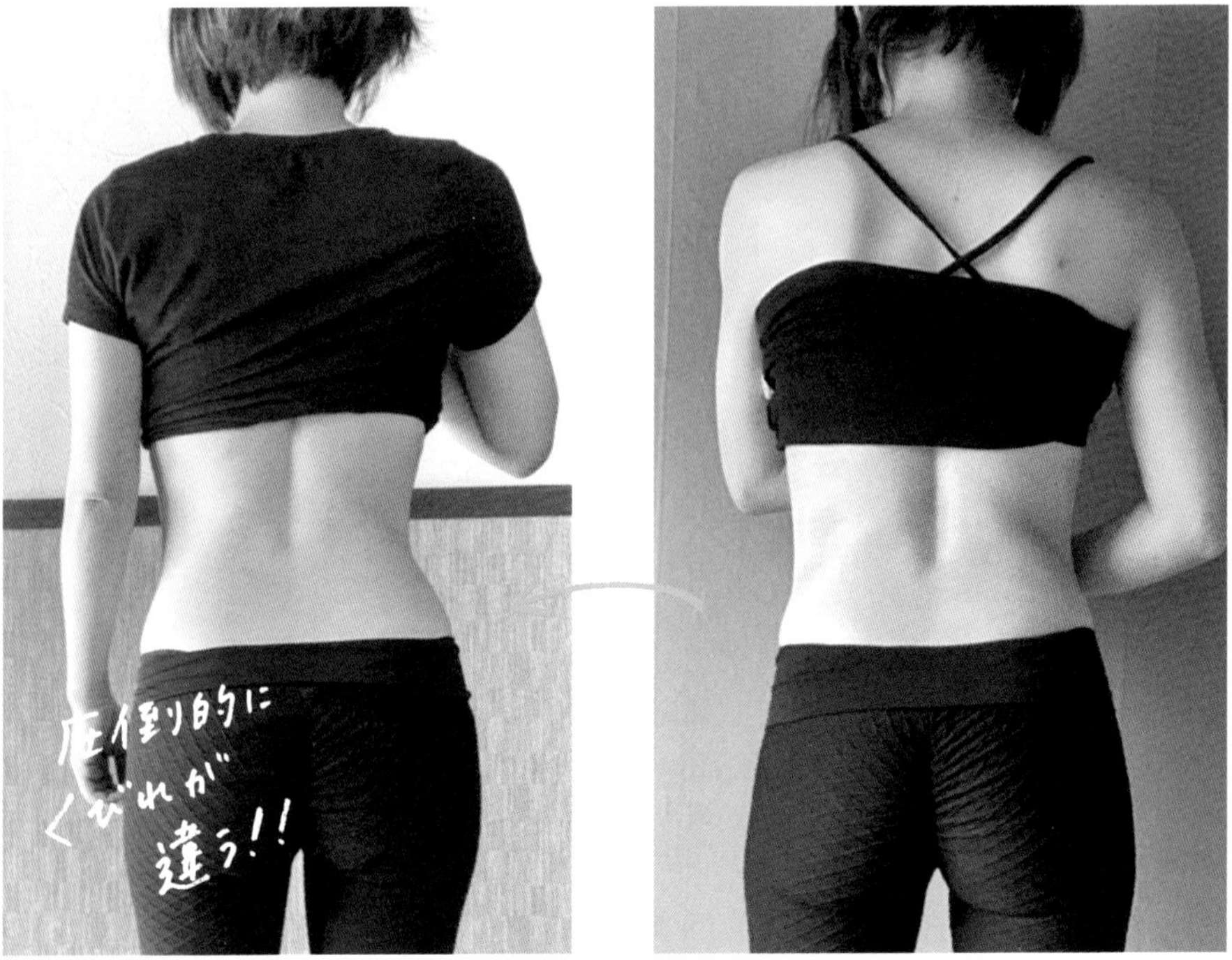

こんなに変わります

5日間ドローインで引き締める

ダイエットといえば運動。ところが運動って、何をすればいいか迷うし準備も大変。私の場合は高いジム代を払ってウェアを買っても、ほとんど行かずじまい。「宅トレなら！」と気合を入れるも、こちらも三日坊主で終了。そもそも運動時間を確保するのも難しい状況でした。

そんな失敗を重ねて行きついたのが、体幹を鍛える呼吸法の「ドローイン」です。ドローインは時間と場所を選ばないのが魅力。しかも筋トレなので、真剣にやれば筋肉痛にもなるし、くびれもできます！　運動が苦手でも全然オッケー。ダイエット期間中はもちろん、息をしている限り＝生きている限り続けたい運動です。

ドローインって何がいいの？

24時間
いつでも
できる

着替え
なくていい

時間
とらない

ドローイン＝体幹を鍛える呼吸法

ドローインとは、呼吸をしながらお腹を凹ませる体幹トレーニングのこと。内臓のまわりにある腹横筋や内斜腹筋、つまりインナーマッスルが鍛えられる！ 腹横筋はコルセット筋とも呼ばれるウエストまわりの筋肉なので、鍛えるとウエストがキュッと引き締まり、ぽっこり下腹も解消します。

ドローインをすると…

アンダーバストが
サイズダウンする

ぽっこりお腹が
解消する

ウエストが
くびれる

尿漏れなどの
悩みが改善する

便秘や腰痛が
改善する

姿勢が
よくなる

いつでもできる筋トレ最強！

ドローインは筋トレの仲間ですが、立っているとき、すわっているとき、寝ているとき、場所や姿勢を問わずにできる筋トレです。1回30秒程度で終わるので、1日何度も、いつでもどこでも、思いついたらすぐにやりましょう。これさえ頑張っておけば、スタイルアップ間違いなしです！

さっそくTRY!

ドローインの基本3ステップ

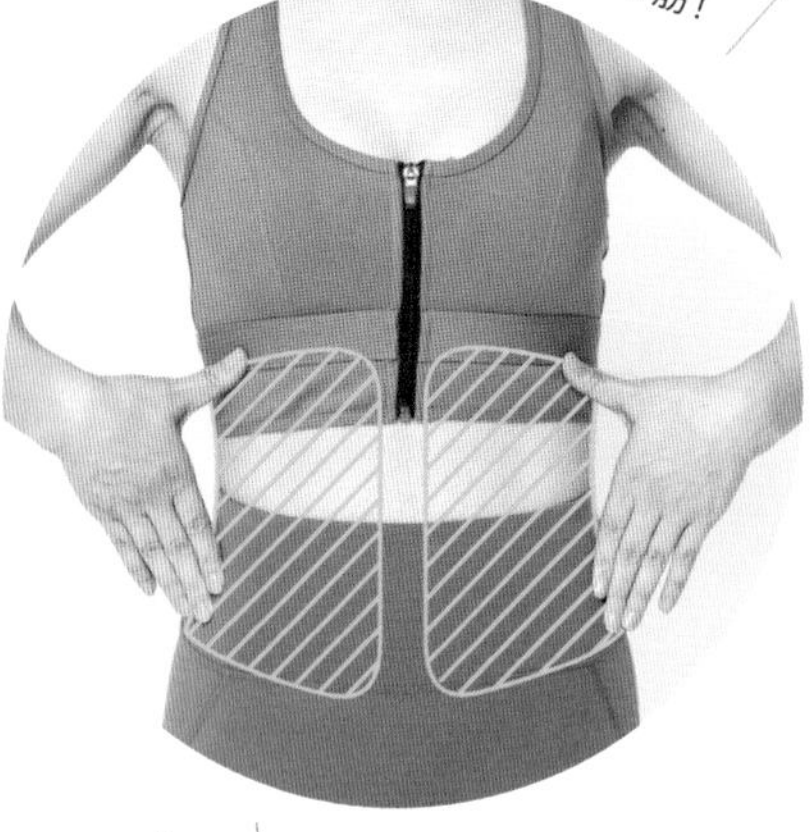
このあたり全体が
コルセット筋!

Step 1

コルセット筋を意識する

ちょうどチャンピオンベルトを巻くような位置にあるのがコルセット筋。この部分を意識しつつ、足を肩幅くらいに広げ、子宮を持ち上げるように背すじを伸ばします。

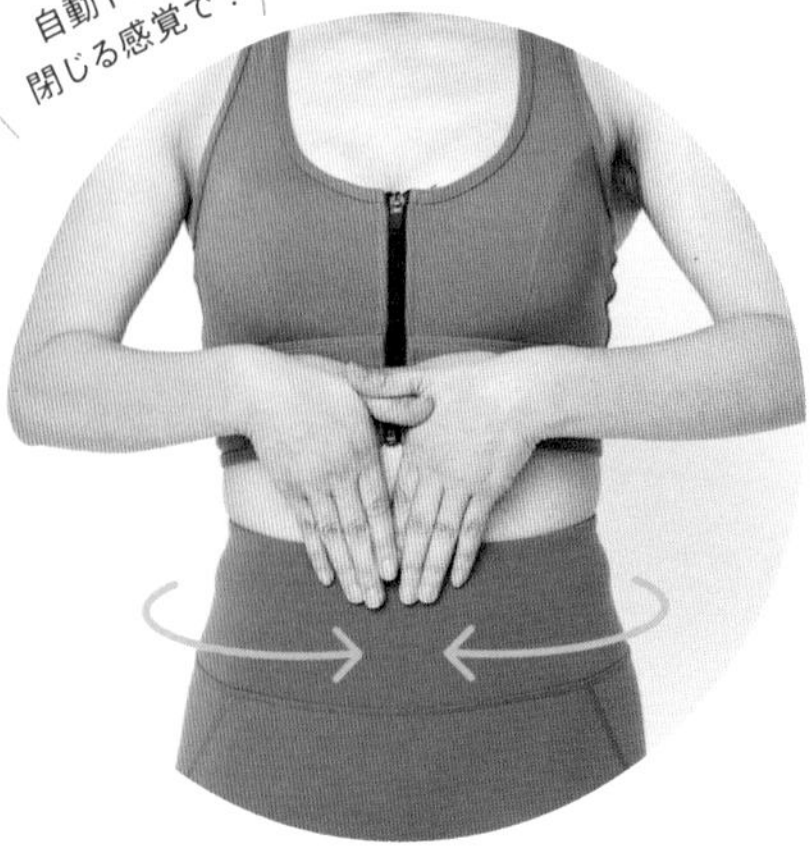
自動ドアを

Step 2

コルセット筋でお腹を凹ます

まずはお腹の中心に自動ドアがあるとイメージしましょう。ゆっくり口から息を吐きながら、その扉をグーッと閉じていくようにお腹を凹ませます。そのとき、腰を曲げたり肩を上げたりしないように気をつけて。

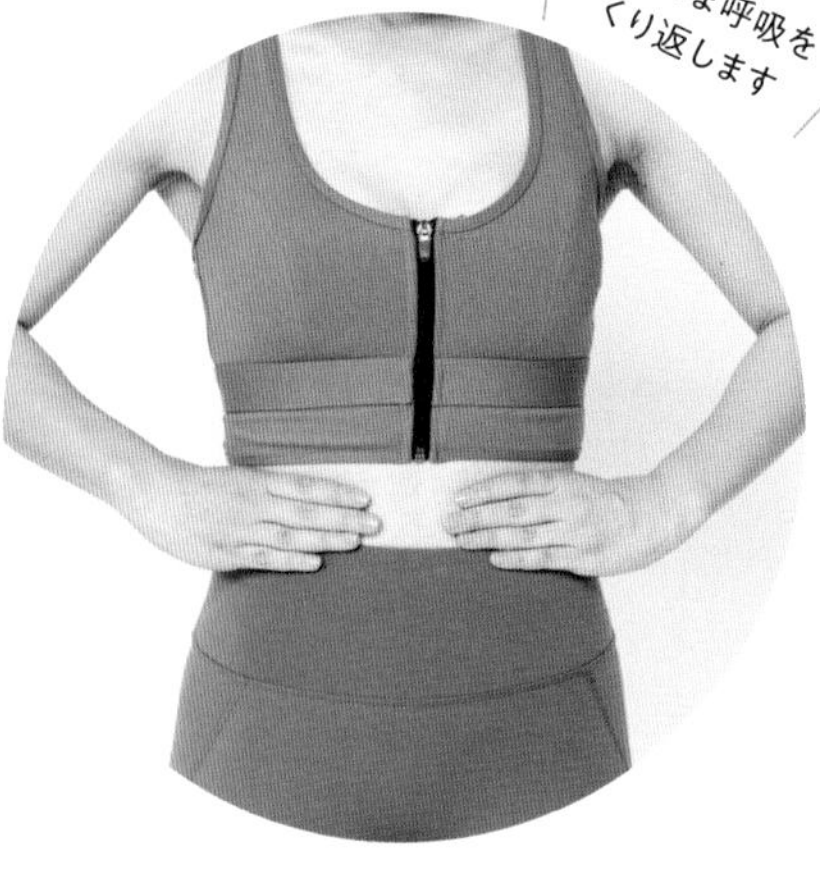
そのまま呼吸を

Step 3

息を吐いて腹ペタキープ&呼吸続行

息をぜんぶ吐ききって、お腹がこれ以上は凹まないと感じたら、腹ペタをキープした状態で浅めの呼吸をくり返します。お腹の自動ドアは限界まで閉じておくことがマスト。10〜30秒キープしたら、お腹をゆるめます。

いつでも
どこでも
365d
24h

立ったまま ドローイン

信号待ちや待ち合わせ、家の中でも立っている姿勢のときに
いつでもできるドローイン法。
電子レンジの“チン待ちタイム”にも、すかさず脂肪をちぎれます!

○

何気ない時間も筋トレ
それがドローイン

×

猫背ぎみで
首も前に出がち

① 胸を張ったままゆっくりと息を吐き、コルセット筋を使ってお腹を凹ませていきます。② お腹が凹んだ状態を10～30秒キープ。呼吸は浅く続けます。お腹をゆるませて終了。※リピート推奨

軽く胸を張って
美姿勢を保つのが
ポイント

基本姿勢のドローインに慣れたら、生活にもドローインを取り入れましょう。足は自然な動きのままでOK。大切なのは背すじをまっすぐに伸ばして、しっかりコルセット筋を閉じること。「いまできる！」と思ったら、息を吐いてコルセット筋をギューッと閉じてくださいね。

歩きながらドローイン

いつでも
どこでも
365d
24h

立ったままドローインの応用編です。
移動中もドローインはできる！ 買い物中だって、出勤中だって、
保育園のお迎えに行く途中だって脂肪をちぎるぞ！

〇

下腹と目線を意識すると
歩き姿も美しく！

×

下を向いて歩くと
下腹がポッコリ

① 胸を張って背すじを伸ばす。② 目線はまっすぐ前を向いた高さに保ち、下腹を凹ませて歩く。③ 自然な呼吸を心がけ、余裕があれば息を吐くタイミングでさらにお腹を凹ませる。

背すじを伸ばし 目線を高く キープする

歩きながらのドローインは、呼吸をそこまで頑張らなくても大丈夫（苦しくなっちゃうからね）！ とりあえず下腹を凹ませて背すじを伸ばし、目線をまっすぐ前に向けて歩くことが大事です。慣れてきたら呼吸法も少しずつ取り入れてみましょう。ご無理なさらず！

いつでも
どこでも

365d
24h

すわったまま ドローイン

ソファに腰かけてテレビを見ているとき、映画を観に行ったとき、
友だちとお茶しているときも地道に脂肪をちぎりましょう。
すき間時間の“ちりつも”が、明日の美ボディを作ります。

○

リラックスタイムも
筋トレ時間に

① 椅子やソファに浅く腰かける。② 背すじを伸ばして胸を張る。③ 息をゆっくり吐きながら、コルセット筋を使ってお腹を凹ませる。④ お腹を凹ませた状態を10〜30秒キープしながら浅く呼吸を続ける。⑤ お腹をゆるませて終了。※リピート推奨

×

ラク重視で
だらっと腰かけ

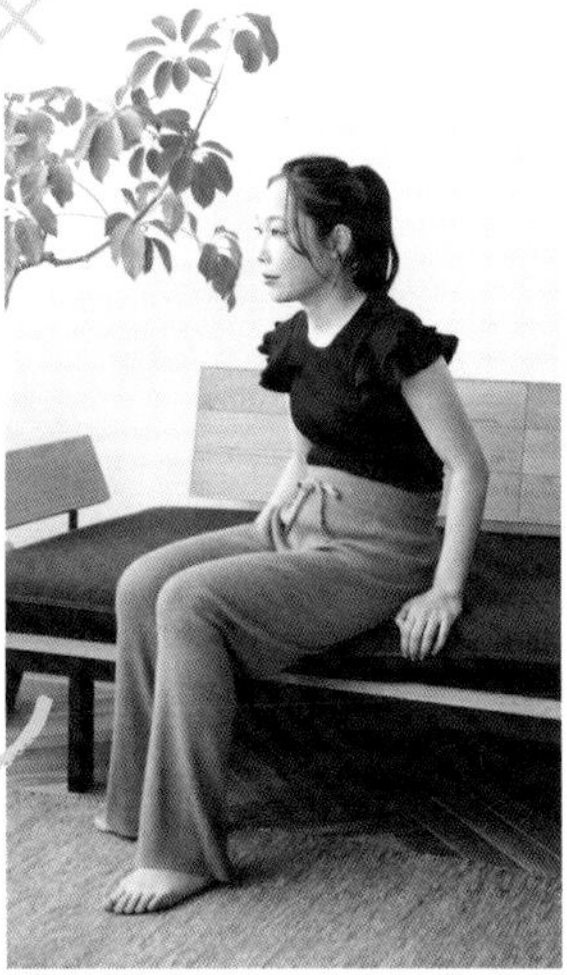

椅子に浅く腰かけ 背すじを伸ばせば 準備OK

365日24時間ですから、すわっているときも当然ドローインのチャンスです。椅子やソファに浅めに腰かけ、背すじを伸ばしたら、そのまま息を吐いてドローインをはじめましょう。もっとできそうなら、足を床から浮かせてハイレベルな筋トレにパワーアップさせてもOK！

寝ながらドローイン

いつでも
どこでも
365d
24h

朝起きたベッドの中で、子供の寝かしつけをしながらお布団で、
寝たままの姿勢でもドローインは可能です。
いきなりドローインをはじめず、内臓に負担をかけないよう
必ず①〜③の準備運動を取り入れましょう。

ドローインをはじめる前に体をリセット

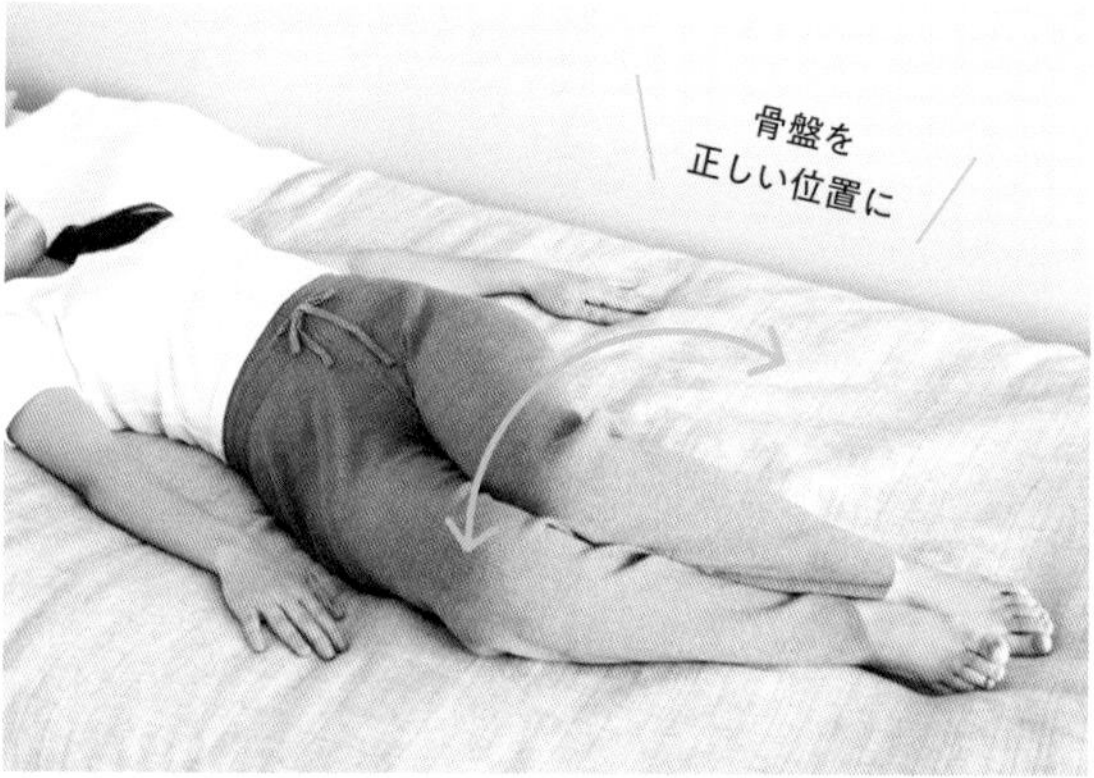

① 脚ゆらゆらで骨盤の位置を整える

まずは骨盤の位置を整えます。膝を立てて、両足を左右にゆっくりパタン、パタンと2〜3回倒します。

▼

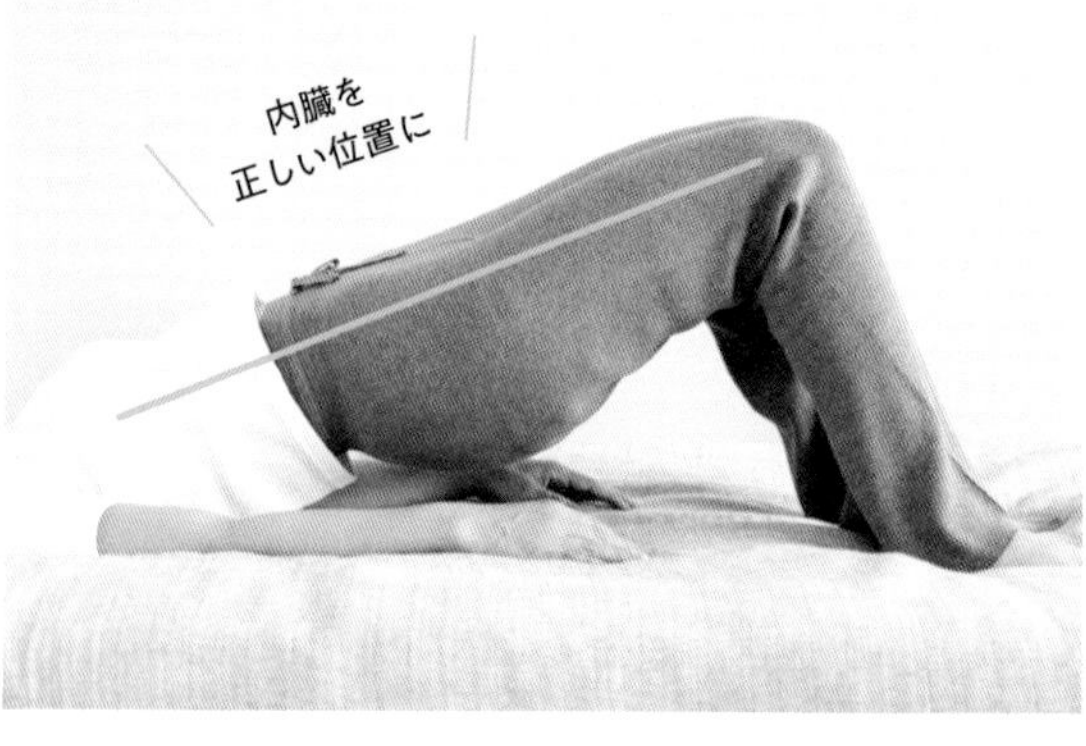

② お尻を上げて内臓の位置を整える

ドローインは腹圧をかける筋トレなので、内臓の位置も整えましょう。膝を立てて脚を軽く開き、お尻を持ち上げます。このとき、肩から膝まで一直線になるようにお尻を上げるのがベスト。お尻を高く上げすぎると腰を傷めるので気をつけて！

▼

3

内臓の位置を整える

［その2］

お尻を上げたままの姿勢で、下腹からみぞおちまで手でやさしく2～3回さすりましょう。下腹に落っこちた内臓を、やさしく元に戻すイメージです。

内臓ちゃん
戻っておいで～

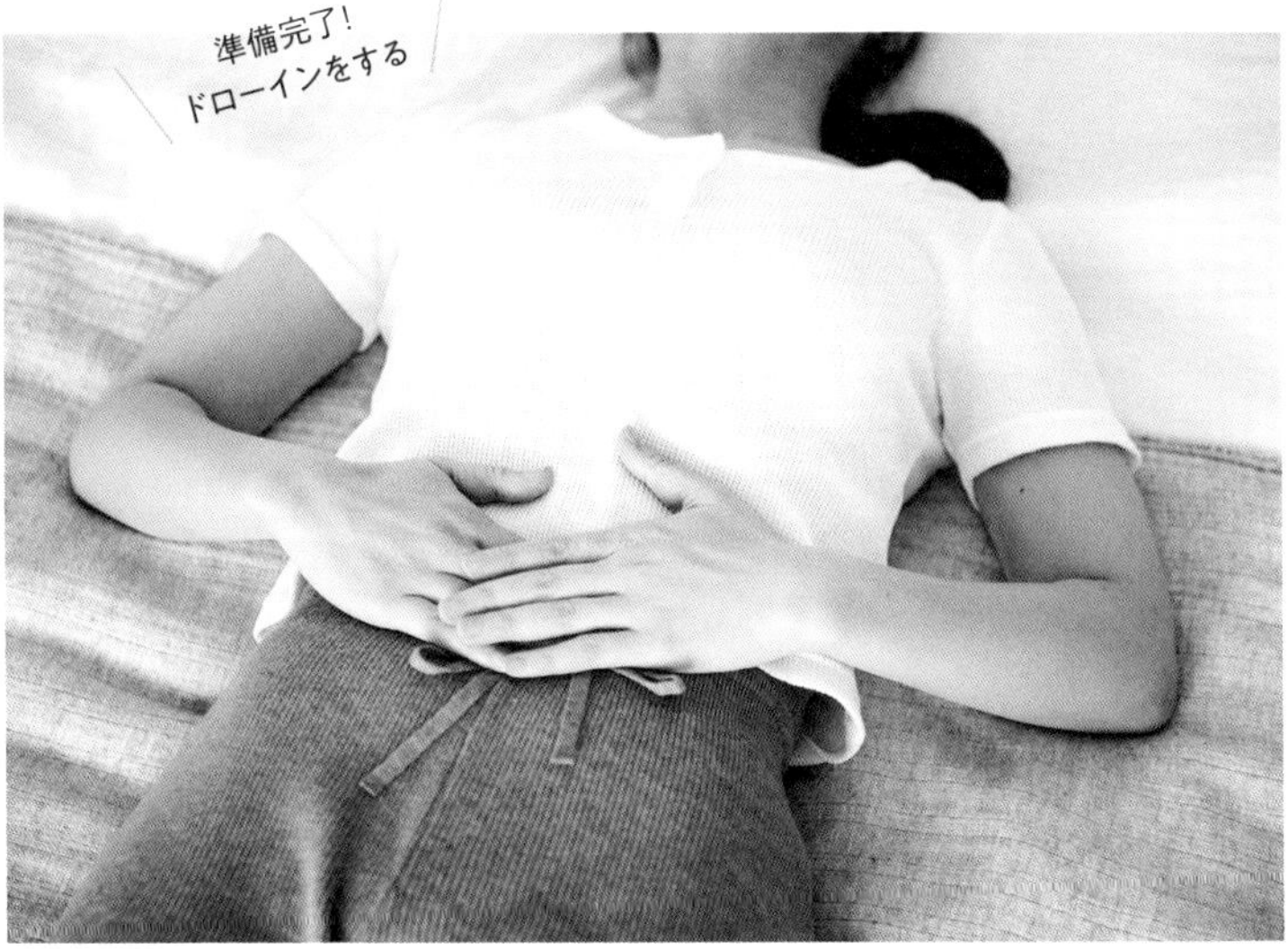
準備完了！
ドローインをする

寝ながらドローインは ほかの姿勢より効果テキメン！

寝ながらドローインは内臓の位置が上がった状態で腹筋をしっかり動かすため、ゴリゴリに効きます。しかも腸活にも効果的。しかも朝起きた瞬間にやると、1日中燃焼するカラダ作りにもなる！ 立ったままのドローインが難しいと感じている方も、お腹の動きがわかりやすいのでおすすめです。

① 息をゆっくり吐きながら、コルセット筋を使ってお腹を凹ませる。② お腹を凹ませた状態を10～30秒キープしながら呼吸を続ける。③ お腹をゆるませて終了。※リピート推奨

脂肪ちぎり捨て5日間ダイエット

よくあるQ&A

Category 1

食事について

Q 食べられない食材はどうすればいい?

“まごやさ”内トレード推奨です

食べられないものは、「まごわやさしいこ」食材（28ページ）の同じジャンルで取り替えるのがおすすめです。たとえば納豆→豆腐みたいな。アレルギーなどでごま類が一切食べられない場合は、カットしてもOK。近い範囲で自分流にカスタマイズしてくださいね。

Q 玄米ごはんは必須ですか?

ほかの食品でもOK!

玄米ごはんが苦手なら、白ごはんでもOK。準備が面倒な場合は、白ごはんと同じように炊ける発芽玄米もありますよ。子供や家族が食べたがらない場合は、自分用の玄米ごはんをいっぱい炊いて冷凍ストックするのも◎。オートミールにするのもアリです！

Q キムチが苦手です

お漬物で代用しましょう

キムチは野菜の発酵食品。近い食材から選ぶなら、ぬか漬けなんていいですよね。もちろん、普通のお漬物だってOK。ベーシックコース2日目のチゲスープ、3日目のビビンバは野菜たっぷりなので、キムチ抜きでも大丈夫です。

Q 糸かんてん売ってません!

海藻で代用しましょう

通常のかんてんや、粉かんてんを使用する人もいます。にーよんは、かんてんを海藻として取り入れているので、メニューによって乾燥わかめや焼きのりにチェンジするのがおすすめです。

Q 量が多いと思ったのですが、ぜんぶ食べなきゃダメですか？

スープを残してみましょう

量が多いと感じたら、スープの汁を残してみてください。それでも多い……という場合は、夕食までの間食として食べてもOK。1日に食べる総量が大事なダイエットです。

Q コーヒーを飲んでもいいですか？

無糖・ミルクなしならOKです

コーヒーの制限はありませんが、糖分＆脂肪分の摂取を控えたいので、ブラックコーヒーでお願いします。同様の理由で、アルコールも5日間は控えましょう。

Q 朝ごはんを抜いてもいい？

基本NGでお願いします

この5日間ダイエットで朝食を抜くとカロリーが不足するため、できるだけ朝食は抜かないでほしいところです。「まごわやさしいこ」の食材をコンプリートするにも、1日2食だと難易度が爆上がり。これを機に1日3食ライフを実践してみてはいかがでしょうか。

Q 間食なし＝果物もダメですか？

できれば控えて

栄養満点の果物ですが、5日間ダイエットでは糖質をある程度コントロールしたいので、カット推奨です。間食や果物は、週末の楽しみにすることをおすすめします。

Q 間食にプロテインを飲んでもいい？

5日間はできるだけ控えて

5日間でたんぱく質の摂取量を調整しているので、間食としてのプロテインは基本なしでお願いします。運動量が多い人や体格のいい人は、食事と一緒に飲むのがおすすめです。

Q 食べる時間は気にしたほうがいい？

ライフサイクル優先で

何時に食べるかよりも、1日3食バランスよく食べることが重要です。朝昼晩の食事時間は、ライフサイクルに合わせてOK！ 夜勤明けで昼過ぎに朝ごはんを食べても、夕食が多少遅くなっても何も問題ありません。

Q お水はたくさん飲んでいい？

積極的に補給してください

水やお茶は積極的に飲んでOK。特に食事中は、必ず水分を一緒に摂取しましょう。むくみを気にされる方もいますが、余分な水分を排出するカリウムをしっかり摂っているので大丈夫です。

Q お腹がすいてつらい～！

最初の1日～2日がいちばんツライ！

好きなだけ食べることが習慣化されていると、最初はつらいですよね。私もつらい！ でも必要な栄養は摂っているので、途中から「あれ？間食なしでも大丈夫かも」と感じられるはず。とりあえず「この5日間だけは！」と思って頑張りましょう。

Q 家族がダイエットごはんを嫌がります

全員でガッツリ食べられるレシピもご用意しました！

ダイエットしたいときに立ちはだかるのは、育ち盛りの子供や夫からの「ガッツリ食べたい！ 揚げ物所望！！」のリクエスト。そうか、任せろっ！ 家族も納得、でも実はこっそりダイエットレシピな“ガッツリ飯”を、今回はご用意しています。

家族の不満をツブす
ガッツリ Menu

→ 78ページ

Category 2

ドローインについて

Q ドローインが正しくできているか、いまいちわかりません

まずはお腹を凹ませるところから

ビキニを着てプールにいる！ と思ってお腹を凹ませてみて。続けていくうちに筋力がついて、自分が引き締めたいと思う部分を自在に締められるようになります。骨盤を締めるようにお腹を凹ますと、尿漏れ改善にも効果的です。

Check Point

- □ 腰が反っていないか
- □ 息を止めていないか
- □ 肩に力が入っていないか

Q ドローインって1日何回してますか？

朝晩10回ずつは確実にしています

私は起床時と就寝前に30秒1セット×10。日中は基本的にお腹を凹まして暮らすようにしています。はじめたばかりの人も、お腹を凹ます習慣をつけるイメージでお過ごしくださいませ。

Q ドローイン以外の運動もしていい？

もちろんです！

運動習慣のある人はドローイン＋αの運動で、やせを加速させてください！ ただ、運動が苦手な人や時間がなくてメニューを増やすのが負担になる人は、確実に続けられるドローインに全力投球すれば大丈夫です。

Q ドローインをすると背中が痛くなります

骨盤を立てるのがコツ

最初はすわった状態、または寝たままやってみてください。横になって腰を床に押しつけるようにすると骨盤が立ち、正しい位置で行えます。

※寝ながらドローインは90ページへ

検証!

脂肪ちぎり捨て5日間ダイエットはなぜ成功するのか?

にーよんの「脂肪ちぎり捨て5日間ダイエット」は、なぜ成功者が続出するのか? ご自身も25kgの減量に成功した医師・工藤孝文先生にお聞きしました!

医師が考える 脂肪ちぎり捨て5日間ダイエットが成功する理由

① 内臓脂肪が減りやすい

② 腸内環境がよくなる

③ メンタルが安定しやすい

自らもダイエット関連の著作が多い工藤先生によると、上記３つの点が成功に大きく寄与しているとのこと。「あとは読者に『私にもできるかも？』と思わせる、にーよさん自身の魅力。そこも大きなポイントでしょう」(工藤先生)

工藤内科　院長

工藤孝文先生

東洋医学・漢方治療、糖尿病・ダイエット治療を専門とし、NHK「あさイチ」、日本テレビ「世界一受けたい授業」などに出演。『医師が考案 お腹スッキリ！ おかずみそ汁ダイエット』(Gakken) ほか著作多数。

成功する理由①

内臓脂肪が減りやすい

にーよん
そうなんですね!? 内臓脂肪が減っている可能性には気づきませんでした。ドローインという運動と、便秘の解消でお腹がスッキリするのかと。

工藤先生
食物繊維が多い食事は、もちろん便秘に効果的です。運動も寄与しているはず。でも、**内臓脂肪もきっと落ちている**と思いますよ。

工藤先生
玄米ごはんもいいですよね。糖質制限の厳しいダイエットでは顔がゲッソリして浅黒くなりやすいけれど、玄米ごはんをしっかり食べているので、**見た目もきれいにやせる**のではないでしょうか。

にーよん
見た目がきれいにやせる！
まさに理想です！
ありがとうございます！

にーよん
ダイエットを成功させるには食事内容がとても大事だと思っていて、食事は「1：1：2」、食材は「まごわやさしいこ」を推奨しているのですが。

工藤先生
野菜が多くてバランスがいいですよね。特に昼食は単品メニューになりやすく、普通に食べると炭水化物の量が多くなります。そこを**簡単なメニューで改善しているのがいい**。摂取カロリーを抑え、糖質と脂質も控えめになるので、自然に【内臓脂肪が減る食事】をしていることになります。

にーよん
確かにお腹まわりのお肉が落ちたという話が多いかも……！

工藤先生
適正体重の人でも、お腹まわりがスッキリする効果はあるでしょうね。

成功する理由②

腸内環境がよくなる

にーよん

この食事量では少なすぎるという可能性はありますか？　ときどき、お腹がすいて頭が痛くなったり、気分が悪くなったというご意見をいただくのですが……。

工藤先生

そういう方は、おそらく血糖値の乱高下が起きているのかもしれません。ダイエット初日から翌日は低GI（※）の食品をごく少量追加したり、ベジファーストでゆっくり噛むことを心がけたりすると改善すると思います。

にーよん

そうなんですね。野菜から食べます！

工藤先生

人間は22時以降になると不安感が出てきて、その不安を消すために「食べる」という行為に走りがちです。ダイエットがつらい場合は、早寝を心がけましょう。それもまた、腸内環境にプラスですからね。

にーよん

さきほど便秘の話題が少し出たのですが、このプログラムは便秘解消にも効果的ですか？

工藤先生

はい。野菜や玄米から食物繊維が多く摂れますし、大豆や海藻を積極的に食べているのもいい。野菜からカリウムも多く摂取しているはずなので、便秘だけでなく、むくみ解消にも効果があると思いますよ。

にーよん

食べながらデトックスできる!?

工藤先生

デトックスにはファスティング（断食）などの方法もありますが、食べられるほうが心のハードルも低いですよね。

※低GI食品…糖質の吸収がゆるやかで、急激に血糖値が上昇しにくい食品のこと。そば、玄米、ライ麦、押麦、全粒粉、葉物野菜、キノコ類、豆類、海藻類など。

成功する理由③
メンタルが安定しやすい

にーよん

食事でメンタルをサポートできるのは、目からウロコでした。

工藤先生

僕自身、太っているときは、すごくわがままでイライラしやすい部分がありました。食べないと自分を保てないような。でも食事を変えたら、少しずつ自分をコントロールできるようになる。そうすると、自己肯定感も上がりますよね。

にーよん

すごくよくわかります！

工藤先生

まずは5日間ダイエットを試して、メンタル＆お腹まわりをスッキリさせてから、それまでの食生活を見直しつつ、ダイエットを継続していけばいいのではないでしょうか。

にーよん

先生……！ 私もそう思います！！！！

にーよん

私はビタミンとミネラルの摂取もかなり重視しているのですが、それは医学的にどうなんでしょうか？

工藤先生

ビタミン、ミネラルは自律神経にも影響しますよね。代謝が上がり、睡眠の質もよくなる。腸内環境も整う。するとセロトニンが増えてメンタルが安定し、自然とストレス食いも少なくなる。よい循環が生まれやすくなるはずですよ。

にーよん

やっぱり！ よい循環が生まれたら、ダイエットも続けやすい……？

工藤先生

ストレスが多い忍耐系のダイエットよりは、ずっと続けやすいでしょう。拒食症などの摂食障害に陥る危険性も少ないと思います。

モチベが続かない？みんなそうだよ！

4 モチベ0％攻略法

ダイエットで結果が出るとうれしいものですが、その喜びも時とともに薄れていき、じわじわと忍び寄るリバウンドの影……。鬼のメンタルで5日間やり遂げたものの、やっぱりお菓子は食べたいし、クリームパスタも食べたい。目の前に出現する欲望を、すべて〝モチベーション〟という意識高い系ワードで抑え込んでダイエットを続けるのも、やはり限界があると思います。どんなにモチベーションを上げようとしたって、上がらない日もある。それは普通のこと。じゃあ、モチベ0％の状況をどうするか？これから一緒に攻略していきましょう！

にーよん
語らせてください。

モチベーションに頼らない仕組みを作る

　5日間ダイエットを頑張って、結果が出た、スタイルよくなった、成功した！……そう思っているみなさまに、大変心苦しいのですがひとつお知らせがありまして、元の食生活に戻すとちぎり捨てたはずの脂肪が、なんと秒で戻ってきます。どんなダイエットも、やめたら元に戻ってしまうのです。

　20kgの脂肪をちぎり捨てた私も、ダイエットをはじめてほどなく気づきました。「この生活、一生続けないといけないの？」と。モチベーションが下がるたびに、おデブ脳復活。そしてリバウンド。またダイエットして、忙しくなるとヘルシーライフが破綻してリバウンド……これ一生続くのかなと絶望を感じながらも、そのたびに「もっと頑張らなくちゃ！」と無理やり自分を叱咤激励して維持していました。でもさぁ……もう十分頑張ってんのよ。仕事、家事育児、人間関係、もう十分頑張ってんのにこんなに頑張らんといかんの!?　そう、私は意志が弱いですダメ人間ですぅうう!!　ハァ…ハァ…こんなのメンタルによくない。だったら太ったまま自由に生きるわ（そのあとやっぱりやせたいという無限ループに突入）。いまでもそんな自暴自棄モードに入って、やめてしまいそうになることがあります。

　でも、意志が弱いからダイエットが続かないんじゃないんです。頑張らないといけない環境にいるからうまくいかないんです。できるだけ自分を頑張らせずに、ダイエットが自動で続く環境を用意すれば、必ず継続できます。もっと頑張ろうと自分を追い込む前に、ダイエットをどんどんオート化していきましょう！

頑張らなくても
勝手に続く

全自動ダイエット

やることが少ないと
脳も元気

やることが多いと
疲れる

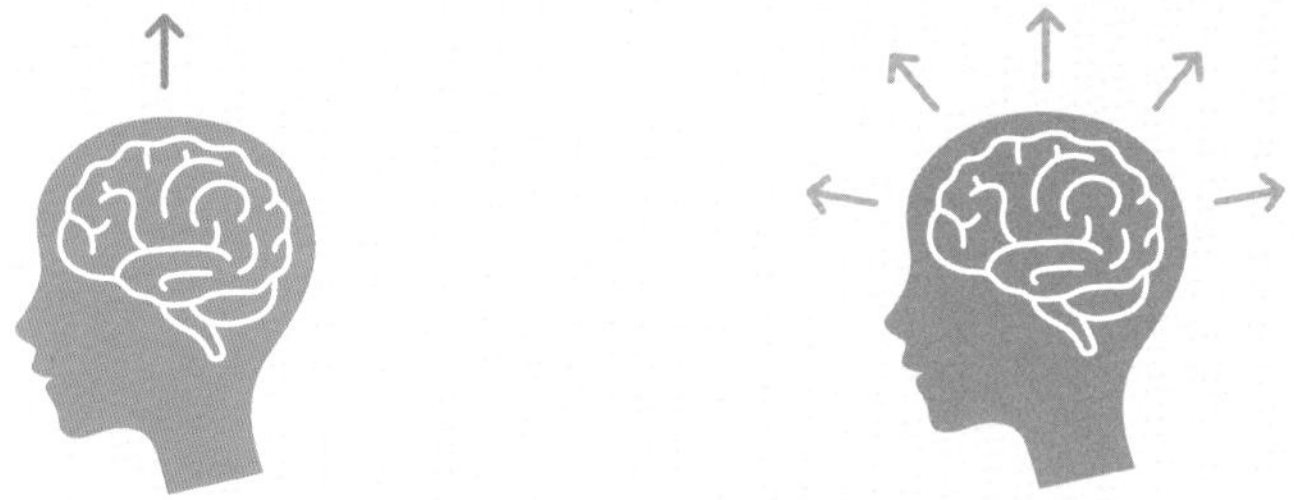

冷静に物事に
対処できる

脳が荒ぶって
錯乱しやすい

消耗しない
ダイエットを
目指す

明日の子供のお弁当どうしようか。夕飯の支度もしなくちゃ。仕事の納期も迫ってる……誰、ここに服を脱ぎ捨てたの。待ってトースターにトミカ納車したの誰、やめて。え、明日分度器がいる？ 電話終わったと思ったらＳＮＳの通知も来…て……「お母さ〜ん、来てー！」いやムリなのお母さんはァァァァ！ でもヘルシーな夕飯を——って、無理だよね？ できないよね？

やること多い、ストレス多いと、甘いものやジャンクフード食べないとやってらんねぇ状態になります。そんな環境ではダイエットのことなんて、まともに考えていられません。

ダイエット続かない！

なぜなら私たちは

ダイエット以外にも

やることが多いから！

「全自動ダイエット」のススメ

（にーよん実体験調べ）

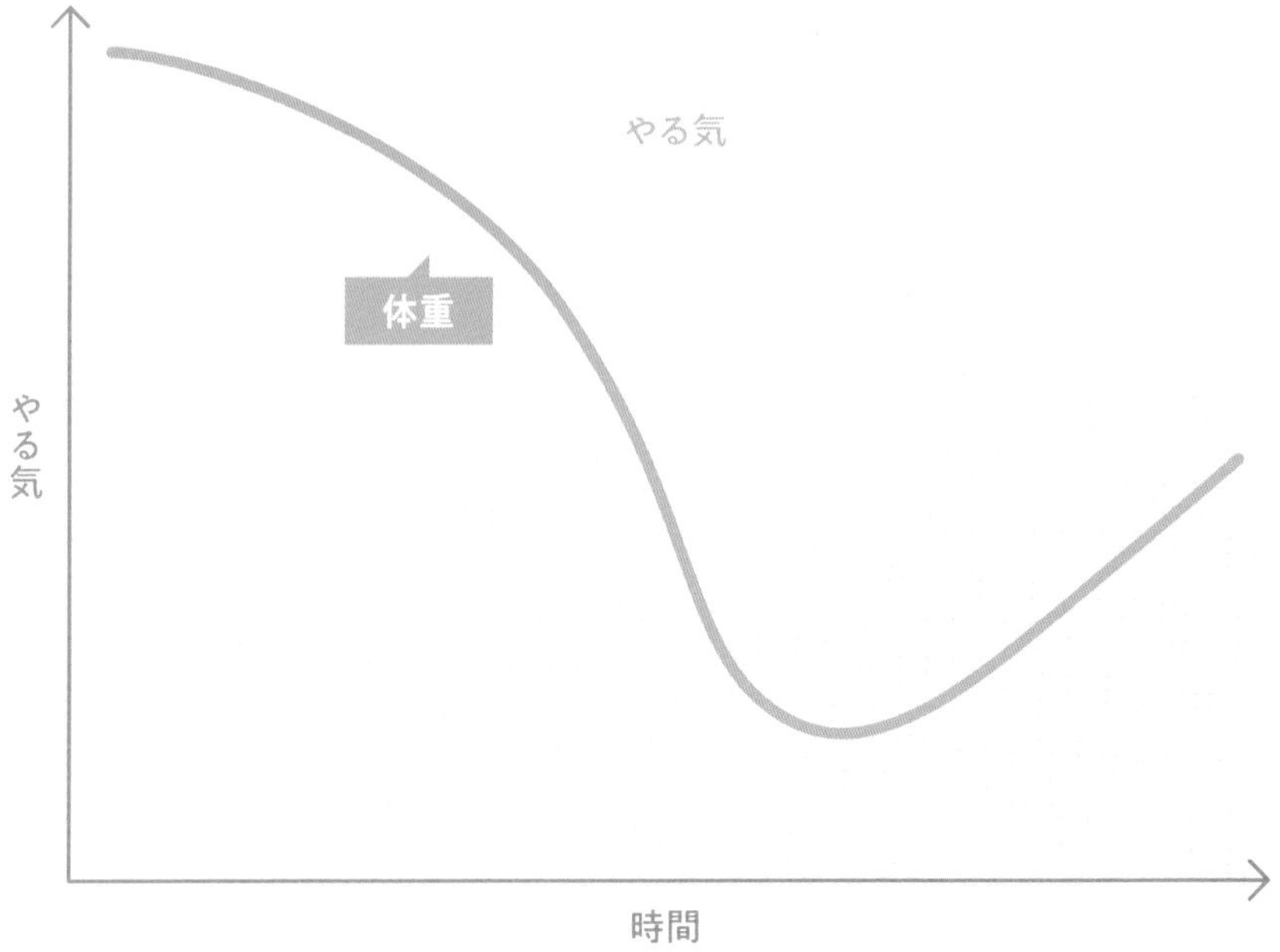

モチベーションに頼るとリバウンドしやすい

そもそもモチベーションは必要なのか

ダイエットのモチベーションの頂点はいつだと思いますか？正解は「ダイエットを決意したとき」。これに勝る瞬間はありません。直ちにやせないとマズいと思ったときが最高で、そのあとは時間とともに少しずつ低下していきます。そしてモチベーションの低下とともに、体重はじわじわと戻ってきます。

ここで慌てて「モチベーションを上げよう！」と思ったりするのですが、目の前においしそうなご馳走があれば、そんなの一瞬で消え去るし、「お母さんどうぞ♡」残りひとつのおやつを差し出されたら。そんなのただの「ありがとう」ですやん？

モチベに頼ると「食べたい」

ただ生きてるだけで太らない環境を作ろう

［日々のタスク］

追加!

ダイエット

＋

その他

プライベート

家事・育児

仕事

増えたタスクは気合だけで処理できない

ダイエットは日々のタスクに追加された業務。いくら自分の美容健康のためとはいえ、すでに容量いっぱいのタスクに追加されると、もう許容量オーバー。これは気合や努力などの根性論ではどうにもなりません。自分への負荷をなるべく早く減らしましょう。

モチベ0%?
OK、OK!
もうムダに頑張るの
やめません?

「面倒くさい」と思うたびに、鋼のメンタルを召喚して頑張らなくちゃいけません。どんどん消耗して、それが挫折の原因に。だったら勝手にダイエットが続く仕組みを作ったほうがメンタルに負担がかからず、ずっとラクに継続できるはずです。

太らない冷蔵庫を構築する

全自動ダイエット

ちょっとお腹すいたな……というときに
もう野菜か豆腐を食べるしかない（?）冷蔵庫に変えておくのです！
バリエーションが欲しいときは、パウチ系のお惣菜も◎。

全自動の秘訣は買い物と冷蔵庫がカギ

ダイエットが失敗するのは、たいてい疲れているときです。「いますぐ食べられるものが欲しい！」と、ついついお菓子やパン、冷凍パスタなど、調理時間ほぼゼロでお腹を満たすものを探し出して食べてしまいます。すると食欲のスイッチに火がついて……という悲劇を、私をはじめとする世界中のダイエッターがくり返してきました。

疲れた脳に、まともな判断力はありません。「とにかく近くにあるものを食べろ！」という凶暴なコマンドが出たとしても、冷蔵庫にヘルシーな食材しかなければ、その中から選んで食べるしかないのです。冷蔵庫は、ヘルシー保管庫。強靭な意志で食欲をねじ伏せなくても、自動的にヘルシーなものを食べられるシステムに変えましょう。

これがわが家のリアル冷蔵庫
パクパクつまみ食いしても
太れる食材がありません♡

食材の大半は野菜！

にーよん家
ある週の
お買い物

例1

例2

全自動ダイエット

“やせストック”というライフハック

冷蔵庫に野菜はたっぷり入れた、しかしそのまま食べられない食材もある。
そんなときに役に立つのが“やせストック”。
ヘルシー食材に、ひと手間加えてストックするだけ！

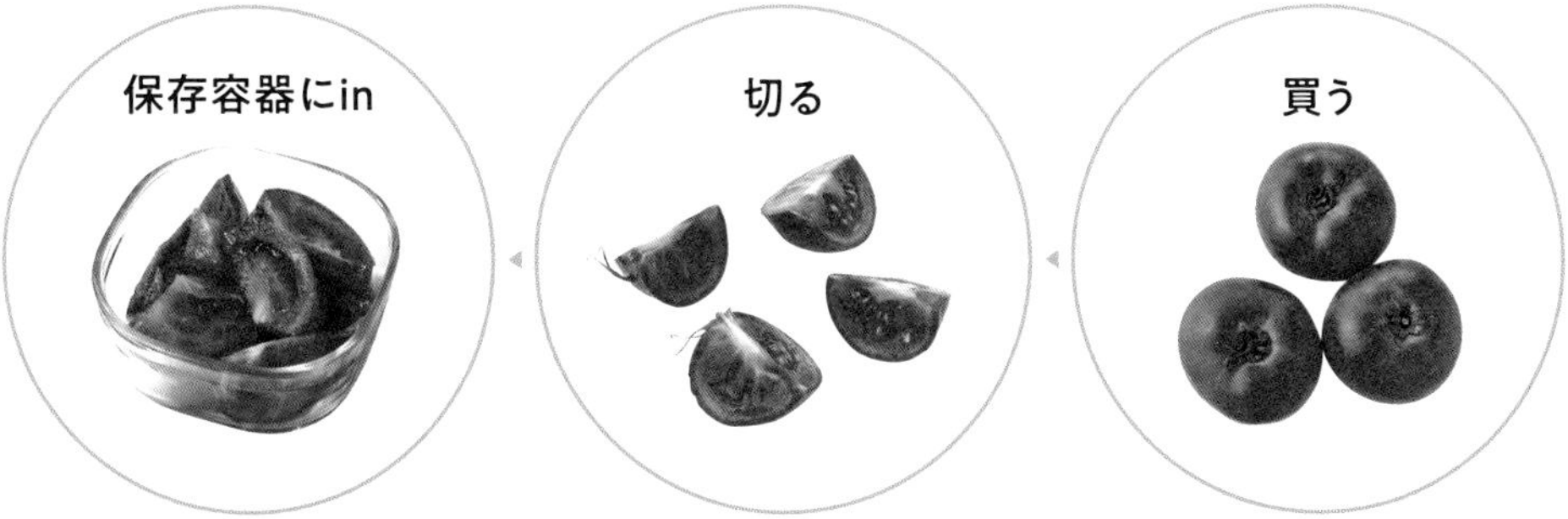

これが やせストック です

あと1品！の副菜として　小腹を満たすおやつとして

冷蔵庫にいつでもおいしいものが入ってる！

ヘルシーな食材を【すぐに食べられる状態】で保存したもの、それが〝やせストック〟。脳が悩む隙を与えず、何も考えずに取り出して食べるだけ。夕食の献立で「あと1品欲しい」というときにも役立ちます。野菜を切っておくだけでもいいですし、元気なときにレンチン調理しておくのも素敵です。

にーよん宅の
スタメンやせストック
をご紹介

なす

材料

なす…2本
ポン酢しょうゆ
…大さじ2

作り方

なすはヘタを切り落とし、1.5cm幅の輪切りにする。耐熱容器に入れてポン酢をかけ、ラップをして600Wの電子レンジで3分程度、なすがしんなりするまで加熱する。お好みでしょうがを加えるのもおすすめ！

トマト

材料

トマト…1個

作り方

トマトをくし切りにして保存容器に入れる。ミニトマトなら、そのままでもOK。

大根

材料

大根…1/3本
ツナ缶（水煮）
…1/2缶
めんつゆ（2倍濃縮）
…大さじ1

作り方

大根は皮をむいて短冊切りに。ツナ缶（汁ごと）、大根、めんつゆを耐熱容器に入れてラップをかけ、600Wの電子レンジで2分加熱する。

キャベツ

材料

キャベツ
…1/4玉

作り方

キャベツを千切りにして保存容器に入れる。

きのこ

材料

きのこ…100g
（種類はお好みで）
塩…少々
★ラカント（なければ砂糖）
…大さじ1/2
★酢…大さじ1/2

作り方

耐熱容器にきのこを入れ、塩を振り、ラップをかけて600Wの電子レンジで1分半加熱する。★印の調味料で和える。

高野豆腐

材料

高野豆腐
（カットタイプ）…30g
ブロッコリー…30g
水…150ml
白だし…大さじ1
みりん…大さじ1

作り方

耐熱容器にすべての材料を入れて、よく混ぜる。容器の2/3にラップをかけ、600Wの電子レンジで4分加熱する。

鶏ささみ

材料

鶏ささみ…2本
白だし…小さじ2

作り方

耐熱容器に鶏ささみを入れ、白だしを加えてふんわりラップをかけ、600Wの電子レンジで2分加熱する。

糸こんにゃく

材料

糸こんにゃく…1袋
めんつゆ（2倍濃縮）
…大さじ1

作り方

糸こんにゃくの水気をしっかりきり、耐熱容器に入れる。めんつゆを加え、ふんわりラップをかけて600Wの電子レンジで2分加熱する。

究極のお昼ごはん
レタス袋弁当

仕事のときの定番ランチはこれ！ めちゃくちゃ簡単でヘルシー、しかも経済的。見た目は少々ラフですが、とにかくお弁当やランチにまつわる悩みが解決します。

玄米おにぎりとともに実食

デスクワークのときは、このお昼でも十分お腹いっぱいに。物足りない気分のときは、もう1品ヘルシーなものを追加しても◎。

ランチタイムにシャカシャカ

お昼になったらツナ缶の汁をきり、袋に入れてシャカシャカ振るだけ。コンビニへ買いに行くまでもなく、大量のツナサラダが完成。

用意するものは3つだけ

レタス、保存袋、ツナ缶、玄米おにぎり。家を出る前にレタスをちぎって保存袋に入れ、ツナは缶ごとバッグに入れて出かけます。

ランチに頭を悩ませない！究極のシンプル弁当

毎日ランチタイムに「ヘルシーなものを食べなくちゃ」と心を砕くのは大変です。お店を選ぶうちに高カロリーなメニューを食べたくなるかもしれないし、かといって毎日凝ったお弁当も作れません（私です）。そんな中で編み出した、手抜きランチがこちら。

時間もかからないし、頭も使わない。食の楽しみとは真逆の方向性ですが、とりあえずランチのお店やお弁当で悩みを抱える可能性はゼロ。慣れると、サラダ袋のバリエーションを増やすのが楽しくなります！

全自動ダイエット

買って出すだけ まんま副菜

第1弾で好評だった“まんま副菜”も、
ダイエットの自動化に欠かせないアイテムです。
これさえあれば、やせストックの欠品も怖くありません。

ドン

パウチ惣菜

パック惣菜

かにかま

納豆

買っておけば
安心・ヘルシーの神食材

めかぶ

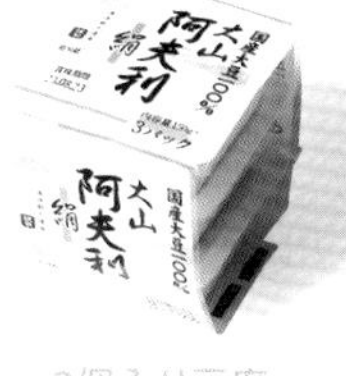

3個入り豆腐

包丁&まな板ナシで簡単ヘルシー

ちょっと手が込んだ副菜は、パウチやパック入りのお惣菜を買いだめしておくと便利。私は楽天のセールで、ヤマザキのパウチ惣菜を大量ゲット→ストックしております。豆腐やめかぶ、納豆も必ず冷蔵庫に入っている定番食材です。

朝食または昼食を固定化してみる

全自動
ダイエット

何を食べるか考えるのさえ忙しい。
そんなときは1日のうちの1食か2食、メニューを固定化するのも手。
食べるものが自動的に決まっていると、とってもラク！

たとえば朝は
毎日脂肪ちぎり丼

ごはんの上に納豆やキムチ、海藻などをのせるだけ。その日の気分でトッピングするものを変更すれば、マンネリ化を抑えられます。

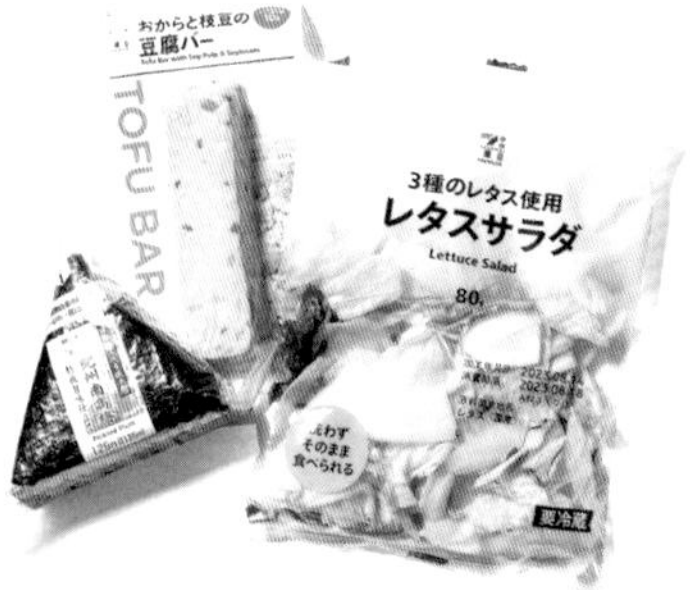

たとえば昼は
毎日コンビニ3点セット

＜サラダ、たんぱく質、おにぎり１個の３点セット＞というルールにして、その日の気分でこまかい内容をチェンジ。ゼロベースで考えるより、ずっとラク！

献立を考えるのは脳にとって重労働です

ただでさえ献立を考えるのは大変。冷蔵庫の在庫状況、みんなが食べるメニュー、節約メニュー……そこにダイエットが乗っかってきて「ヘルシーな食材で」なんてキャパオーバー。そんなこと毎回考えていたら脳がギブで「何でもいいや」と、手っ取り早いハイカロリーを選んでしまいます。そこで、献立を一部固定化して脳への負担を軽減！

「これでいいか」という妥協メシでストレスを溜めるより、ずっとストレスフリー。消耗しないのでダイエットの自動化が進みます。

全自動ダイエット

調味料を減らす

家にあるから使うし、食べる。だったら太りそうな調味料も、思いきって家から消してみてはいかがでしょうか。意外と困らないんですよ、これが。

減らせる調味料は意外とあります

もともと〝おデブ脳〟だった私は「こってり料理」や「濃い味つけ」が大好き。そこで、減らせる調味料をばっさりカットすることにしました。ドレッシングはノンオイル、調理は基本油カット、ついでに砂糖もカット。マヨネーズはカロリーハーフにチェンジ。すると、徐々に味の好みも変わってきます。ここまで徹底する必要はありませんが、太る味つけが脳にしみついている人は少しずつ調味料を減らしてみるのもおすすめです。

にーよん宅から消えた調味料たち

- 砂糖
- サラダ油
- ドレッシング（ノンオイル以外）

砂糖

ほかの甘みで代替できます

はちみつ

みりん

ラカンカ

ラカンカは、ウリ科の植物「羅漢果」のこと。その果実は砂糖のおよそ300倍の甘さがあるといわれ、しかも栄養も豊富。わが家では砂糖代わりに少量ずつ使用しています。

サラダ油

フッ素樹脂加工で大解決

5日間ダイエットで実践していただいたとおり、フッ素樹脂加工のフライパンで弱火調理をすれば油カットが可能です。体に必要な脂肪分は、毎日の食事から十分摂取できます。

食べたい欲は ヘルシーに満たす

全自動 ダイエット

ときおりムショーに食べたくなるジャンクフードや甘いもの。
ダイエット中だからと根性で我慢していませんか?
無理に食欲を抑えると、もっと食べたくなるので要注意です!

ジャンクフード

→ ヘルシー副菜と一緒に食べる

サラダ

たっぷり副菜

甘いもの

→ ヘルシーな甘いものに変換する

高たんぱく ヨーグルト

冷凍フルーツ

今日はめちゃくちゃ甘いものが食べたい! そんな日って、ありますよね。そういうときに下手に逆らって、我慢するのは悪手です。ますます「食わせろ〜」という脳の指令がくだり、欲望が暴走します。だから食べたいときは食べる! しかしヘルシーに!「条件さえ満たせば食べてもよい」というルールがあるだけで、ダイエット中のストレスを大幅に減らせます。

糸かんてんを活用して 便秘を解消する

全自動 ダイエット

5日間ダイエットで用意した糸かんてん、使いきれそうですか? スープに入れても全然減らないと困惑しているあなた、お米と一緒に炊くのもおすすめですよ。お米とお水の分量は通常どおりで、糸かんてんをひとつかみ入れるだけ。ツヤツヤのお米が炊けて、便秘解消にも役立ちます。

味はそのまま もっちり食感♡

全自動の
環境になったら
次は

メンタル救助

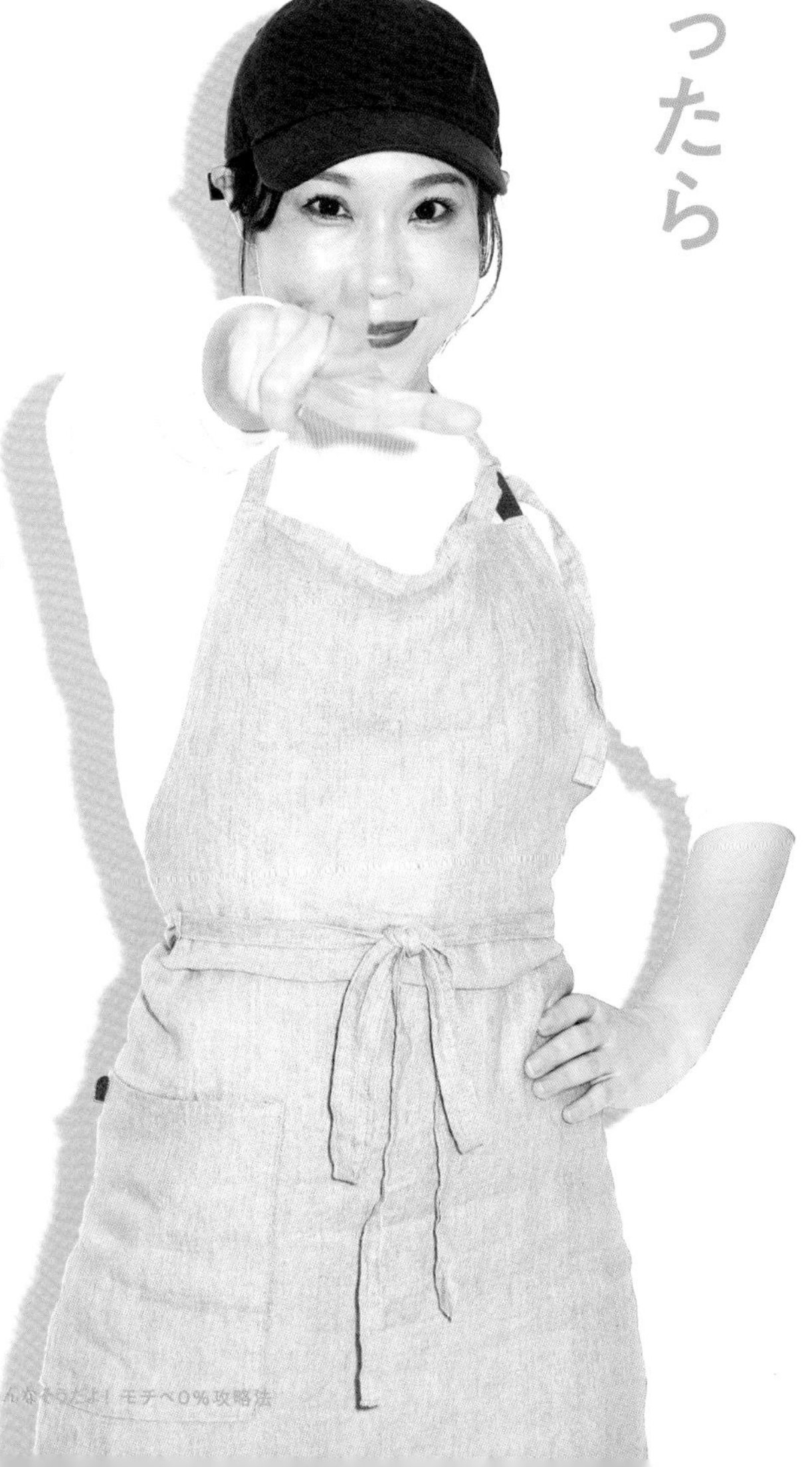

ダイエットやめたい、もう限界だと思ったら

どうぞ
お気をたしかに

と、自分に声をかけましょう

ダイエットを続けていると、
誰しも一度は「もうムリ、つらい……」と感じるものです。
そんなときは、まず「お気をたしかに」と自分自身に声をかけ、
ストレスMAX状態のメンタルに、冷静さを取り戻してあげましょう。

24時間以内に戻ってくれば大丈夫

気をつけているつもりでも、予定より食べすぎてしまうことってありますよね。でも、そこで「もうダメ！」と自暴自棄にならないで。大丈夫、24時間以内にまたダイエット脳に戻ってくればいいんです。

1回失敗したってダメじゃない

ダイエットをしているのにピザ食べちゃった！ と、それを失敗にカウントするのはもったいない！ 楽しんだ後はリセットボタンを押して、リカバリー生活に戻れば大丈夫。ダイエットは、ゆるめのルールで継続することがいちばんの近道です。

記憶に残らない食べ方してない？

忙しさのあまりボーッとして、手近にあるものをなんとなく食べる……そんなこと、ありませんか？ 私は、いまだにときどきあります。だけど、何を食べたかおぼえていないのって本当に悲しい。それで太ったら、なお悲しい。食べものは、楽しい＆おいしい記憶として残したいですよね。どうせ食べるなら目の前の食べものをもっと気にかけ、愛そうではありませんか。

手近なお菓子でサクセスしない

やることが溜まっているのにうまくいかないとき、頑張りたいけど頑張れないとき、手近なお菓子に手を伸ばしてペロリとたいらげる――それがサクセス太りです。ちょっとしたものを食べきるって達成感があって爽快なんですよ。空っぽのお皿や袋を見て「よし任務完了！ 成功！ サクセス！」みたいな。もしサクセスしたくなったら、量やカロリーを決めてそこに収める任務でサクセスしましょ。

自分が太りやすいタイミングを知っておく

ダイエットを頑張っていても、体重が増えることはあります。たとえば生理前とか、季節の変わり目とか、年末年始とか。自分の体重が増えやすいポイントを知っておけば、「こういう時期だから」と、必要以上に落ち込まなくてすみます。

ダイエットも週休2日でいい

もし仕事が週7日×365日だったら……なんて考えるだけでゲンナリ。だからダイエットも毎日真剣にやれば疲れるのは当たり前。日々完璧を目指すと破綻するので、「今日は友だちとランチに行くから、明日から3日間はダイエット頑張ろう！」など【週単位でプラマイゼロ】を目指しましょう。ちなみに、にーよんは家族と過ごす土日がダイエット定休日。頭の片隅でセーブしつつ、家族が行きたいマックを一緒に楽しんだりしてラクに過ごしています。

季節ごとに目標を立ててみる

「いつかここに来られるといいね」という約束は、一生叶わない不思議。ところが「○月○日、ここに来て」と指定すれば実行できる。【いつか】ではなく【いつまで】と期限を決めることで、ダイエットもはかどります。

季節ごとの目標（ほんの一例）

春

- 子供の入学式&卒業式
- 春物の洋服を着こなす

夏

- リゾートで水着を着る
- ノースリーブを着る

秋

- 同窓会で褒められる
- 友人の結婚式に出席する

冬

- 正月太りを元に戻す
- 食事と運動で冷え性を改善する

ダイエットの
仕組みを点検する

少しずつリバウンドするのは、ダイエットを自動で回す仕組みのどこかに問題が発生している可能性が。よりラクに楽しく継続できるよう、苦行となっている項目を早めに取り除きましょう。

挫折しない
"ゆるルール"を心がける

いまいち気分が乗らない時期は、無理に自分を追い込まないで。食事の1：1：2が守れていればOK、まごやさ食材を食べていればOKなど、ひとつでも達成できたら「よし」とします。

食べる前に
1：1：2とつぶやこう

コンビニで買い物をするとき、ジャンクなものが食べたくなったとき、この呪文をつぶやくだけで爆食いをストップできます。

挫折しそうになったら
によ部に入部する

ひとりでダイエットを続けるのは大変！ でも、みんなでやれば楽しい！ インスタで、みんなでやせる「によ部」を開催していますので、もしよかったら参加してみてください♡

にーよん ダイエット教訓 かるた

にーよんが普段、自分を戒めている言葉をかるたにしてみました。みなさんの心にも、１枚どうぞ。

食べ放題で
モトを取ろうと
するべからず

モチベに頼るな
仕組みに頼れ

フラペチーノは
２日連続で
飲みません

満たされる食事は
量じゃない 質だ

欲を満たす
だけの食事は
むなしい

迷ったときは
未来が明るい
ほうを選ぶ

お腹いっぱい
ありがとう、と
声に出す

結局は
やるか、
やらないか

ってます

ひとりで地道にやせるのもいいけれど、仲間がいると励まし合いながらもっと頑張れる！ そんなわけで、インスタ上で「#によ部」という活動をしています。ここでは「#によ部」に参加し、その後もダイエットを頑張っているフォロワーさんの一部をご紹介させてください。

ちょこん さん
@ dietdiet_40

ピーク時からのサイズダウン

体重 **-8kg**　ウエスト **-10.1cm**

すきま時間のちりつもダイエットで痩せた！

2人の男の子を育てながら、食事管理と3〜10分のちょこちょこ運動でスリムな体を手に入れたちょこんさん。疲れている日でもできる運動をたくさん投稿されています。

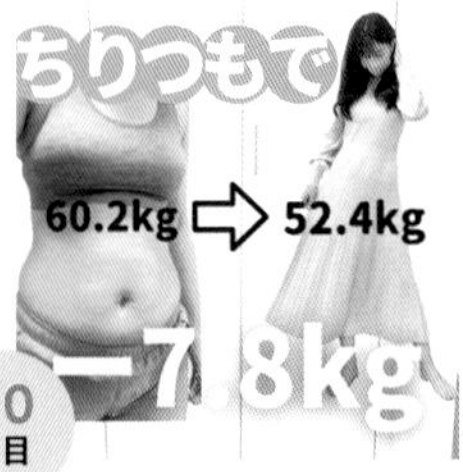

ちりつもで

80
日目

ドローインをはじめ、コツコツ運動で-7.8kgを達成！

によ部５日間

5日間でも変われた

59~63
日目

停滞していた体重がによ部5日間プログラムで動き出したそう！

ダイエット開始から50日

50
日目

食生活の見直しとドローインでウエストスッキリ！

体系変化（サイズ）

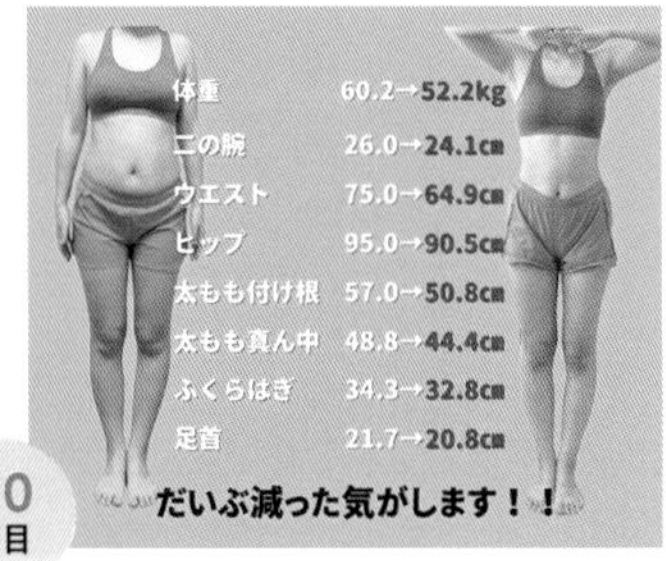

体重	60.2→52.2kg
二の腕	26.0→24.1cm
ウエスト	75.0→64.9cm
ヒップ	95.0→90.5cm
太もも付け根	57.0→50.8cm
太もも真ん中	48.8→44.4cm
ふくらはぎ	34.3→32.8cm
足首	21.7→20.8cm

だいぶ減った気がします！！

90
日目

ウエストはもちろんヒップや脚もサイズダウン。見た目がかなり変わっています。

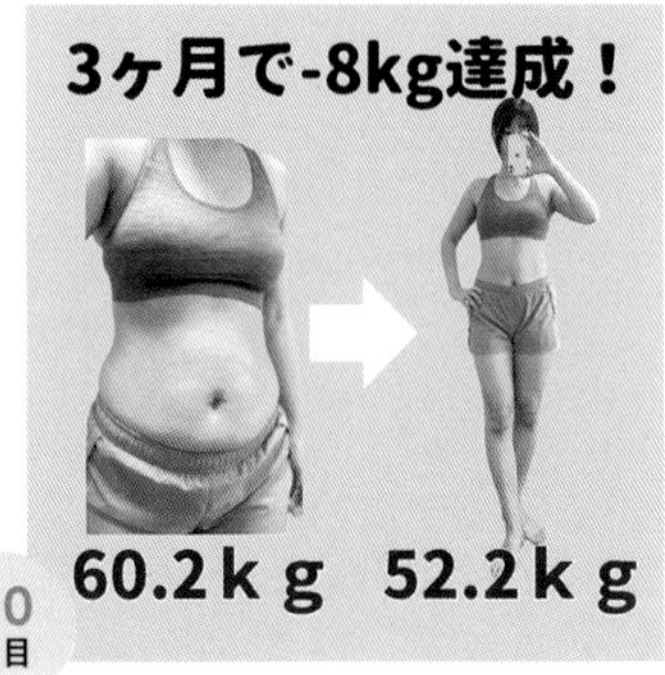

3ヶ月で-8kg達成！

90
日目

やせにくい40代でも、こんなにキレイにやせられることを証明してくれました！

みんなでやせる SNS

#によ部や

ぽんちゃん さん

@ ponzu_diet35

ピーク時からのサイズダウン（妊娠中から）

体重 **-20kg** ウエスト **-44cm**

によ部参加で無理せず産後-20kgを叶えたママ

ダイエット開始当初からによ部に参加してくれていたぽんちゃんさん。によ部でやせたことが自信となり、現在はボディメイクのインストラクターとして活躍中です！

炭酸水やサラダなど自分に合ったアイテムを見つけたそう。

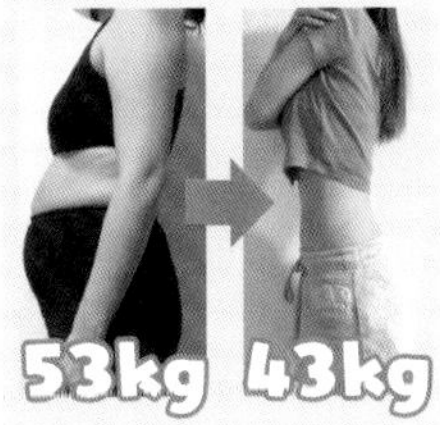

ゆるっと筋トレ＆食事管理とは思えない見事なペタ腹！

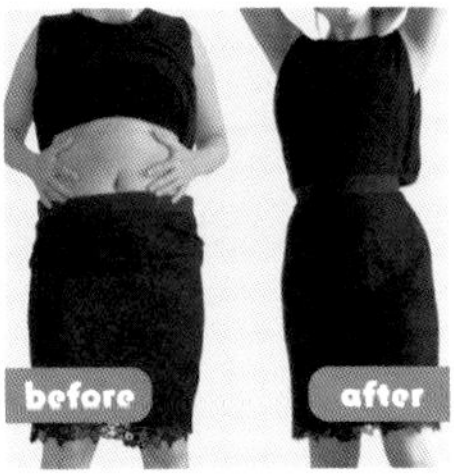

入らなかったタイトスカートがキレイに着こなせています。

うっかり食べすぎちゃった日があっても、すぐに取り戻せているのがすごい！

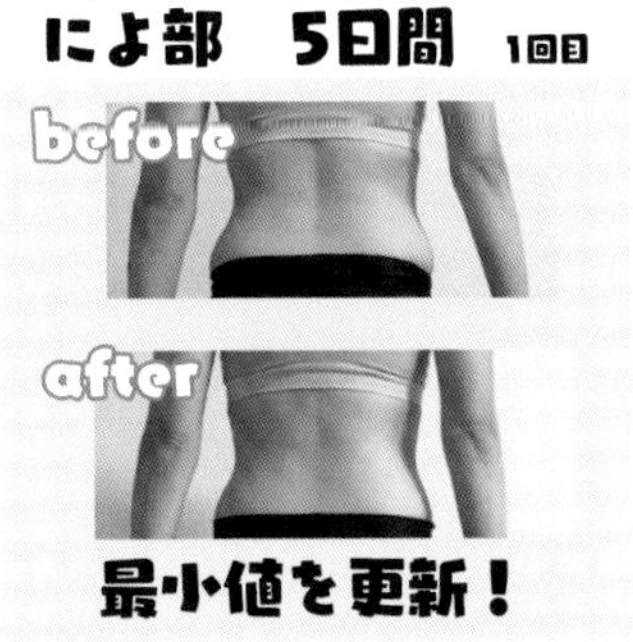

目標の42kg台を達成したとのご報告が！本気でによ部に取り組んでくれて嬉しいです（涙）

プチぷりん
-14kg

プチぷりんさん

@ppurin_diet

ピーク時からのサイズダウン

体重 **-14kg**　ウエスト **-18cm**

アラフィフで-14kgを達成し見た目が激変!

ダイエットで体も心も軽くなって、人生が変わった！ というプチぷりんさん。忙しい人や運動が苦手な人でもできるプチトレが参考になります！

After
＼ にょ部の遺伝子を受け継いだ結果 ／
2023.09.07
1年弱で
こう！
2期のにょ部に
参加し、その後
にーよんさんの
レシピを活用！
アレンジしつつ
美味しく痩せら
れたーっス！

Before
＼ 2022年秋　にょ部2期への入部で初写真撮影 ／
2022.10.31
これが
実はぷりん、
ダイエットを始
めた9月の体型
記録写真がない。
にょ部参加で初
めて写真を撮っ
たのだ！

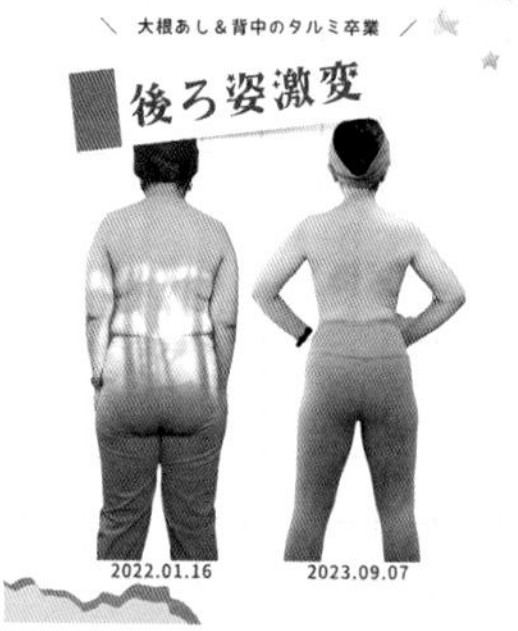
＼ 大根あし＆背中のタルミ卒業 ／
後ろ姿激変
2022.01.16
2023.09.07

ボディラインが別人級に引き締まっていますね。後ろ姿が若々しい！

＼ 正月太りも8ヵ月後には ／
お腹ぺっそん
2022.01.16
2023.09.07

食事9割、運動1割が基本。にーよんレシピも取り入れてくださったそう！

にょ部参加で
停滞期も
頑張れた！
アラフィフでもヤセた
まごわやさしいこ！意識で
食事管理を主にヤセられました。
あとは、ながらプチトレーニング！
2022.09.07
61.2kg
2023.08.30
46.6kg

たなみんさん

@ tanamin.diet

ピーク時からのサイズダウン　体重 **-7kg**

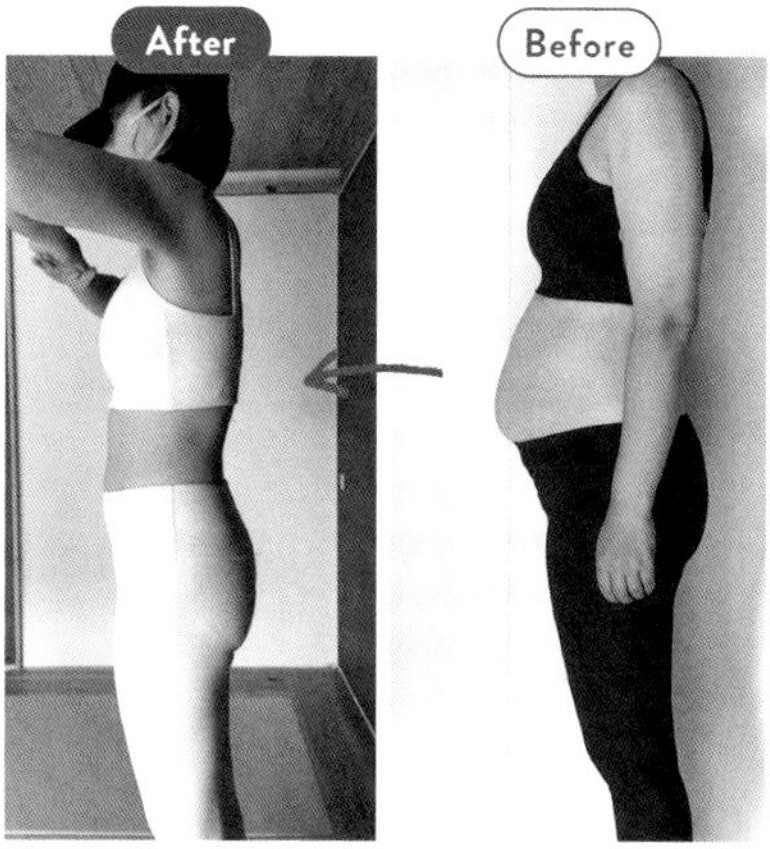

お酒好きな人必見!
ビールをやめずにやせられる

ビールが大好きな双子のママのたなみんさん。食べるのも飲むのも大好き！でもやせたい！という欲張りな方にぜひ参考にしてほしいアカウントです。

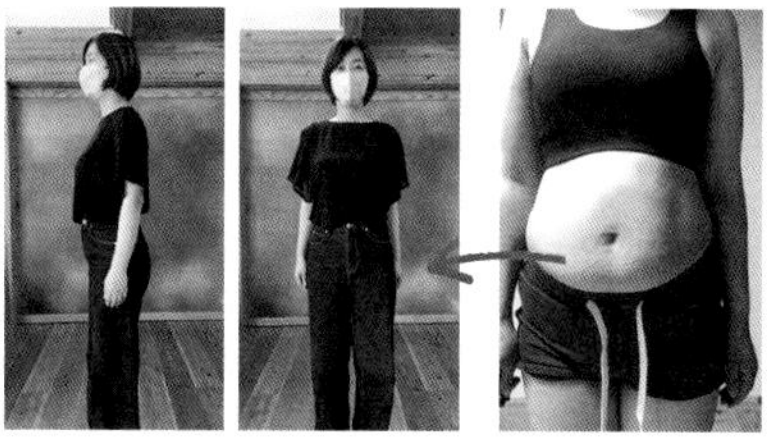

はた子さん

@ hataco_san

ピーク時からのサイズダウン　体重 **-10kg**

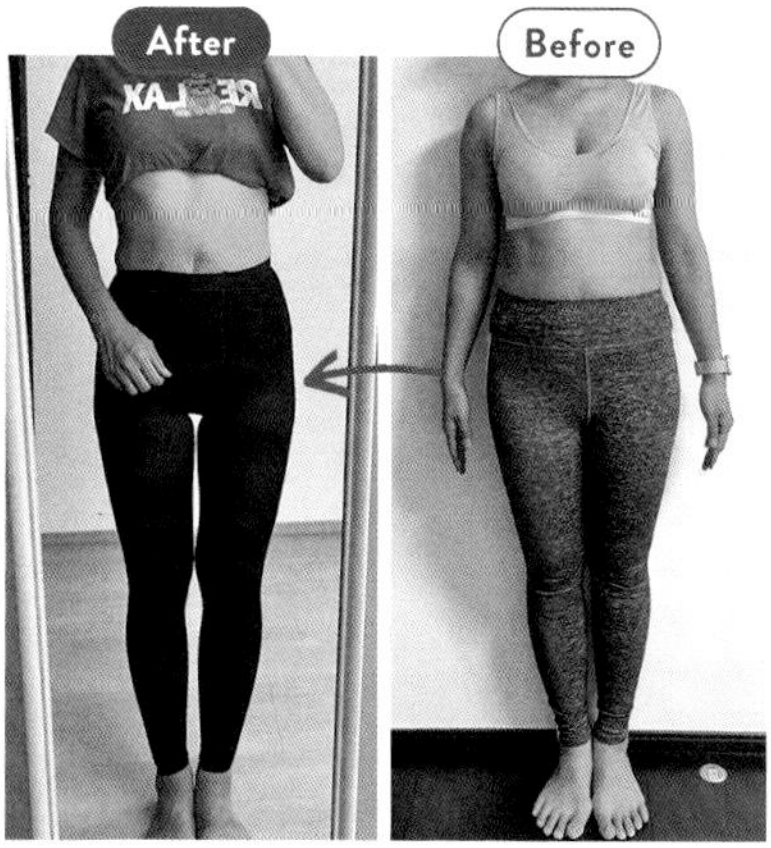

起き上がらずにできる
部分やせをマネしたい!

2人目出産後半年で-10kgに成功したはた子さんは、現在3回目の産後ダイエット中。骨盤引き締めやお腹やせを動画でわかりやすく紹介しています。

人生最初で最後になるだろうと全力を尽くしました前作『ちぎり捨て本』発売から約1年……まさか強化版となる第2弾の出版に至るとは思いもよりませんでした。

ダイエットを続けていくと、必ずリバウンドするときが来ます。私の場合、年に4回は確実にリバウンドしています。大幅リバウンドではありませんが、やはりどんなに正しいダイエットだろうと、元の生活に戻れば体型も戻ってしまうんです。

本当のダイエット成功とは何だろうと考えるときがあるのですが、それは息をするようにヘルシーな生活ができるようになったときだと思います。

息をするようにつまみ食いをして太った脳ですから、それをダイエット脳に変えるということは性格を変えるレベルに難しいんですよね。

自分のメンタルを成長させたいときって、やっぱり最初は難しくて、でも自分をコントロールしつつこうかなってやってみますよね。子育てしてて怒りすぎたなとかもっとこういう母でありたいなとかそういうとき。

私はもともと脳内が散らかってしまう脳でして、家も片づけられない、家事の優先順位がわからない、お金の使い方もコントロールできない、自分より相手の気持ちを優先したほうがラク、すごく考えたりメンタル的に頑張っている割には、現実が理想とすごくかけ離れていて、そんな自分に疲れていました。

でもひとつ、自分の理想に近づけたいことを見つけ（私の場合はダイエット）、それを生活の軸にすることで家事や仕事や子育てもうまくまわりはじめました。いまいちばん自分がこうなりたいなと感じる理想を現実化するために動けば、それが幸せにつながるのかもしれません。

ダイエットが成功したら幸せになる、お金持ちになったら幸せになるとは限らないけれど、幸せは「理想に向かって行動している自分の中」に見出せるんだと思います。ある日インスタを徘徊しているときに「時間がないとかお金がないとか言って何もやらない人は、たとえ時間やお金があっても何もできないし何もしない。挑戦できる人はどんな状況でも挑戦するし、やらない理由なんか探さないぞ」って言葉が流れてきました。脳天直撃すぎて。

でも確かにどんなに忙しくても自信がなくても、ひとつ「こうなりたい」に向けてやることがあれば、自分のレベルアップを体感できるし、ダイエットを通じて〝気になっていた暮らしや生活のほころび〟までが改善されてきたように感じます。

時間がないなら時間を使わない方法でやる、お金がないならお金がなくてもできる方法を考える。その中で成長していけるんじゃないかなと思います。

何も取り柄がなかった私がここまでたどりつけたのは、本当に応援してくださったフォロワーのみなさんの力です。本にしましょうと声を掛けてくださった編集担当の竹内詩織さんをはじめ、表から裏から支えてくださったスタッフの方々、そして「乗った船だ行ってこい」と、キャパオーバーな娘を助けてくれた母マリコ73歳。本当にありがとうございます。

この脂肪ちぎり捨て本が、みなさんのお役に立てますように。

2023年11月

にーよん

にーよん

4男1女、5児のダイエット母さん。27歳から妊娠、出産を繰り返し20kg増。銀行のATMで、画面にものを置かないでください、とエラーが出たため、見てみると自分の脂肪だった、という衝撃からダイエットを決意。約100日で、見事脂肪をちぎり捨てた。その後リバウンドも経験し、試行錯誤の結果をInstagramで公開したところ大反響。フォロワー全員でダイエットする「によ部」企画では毎回ダイエット成功者が続出している。著書に「ダイエット母さん、20kgの脂肪をちぎり捨ててみた。マネするだけ5日間痩せプログラム」（KADOKAWA）がある。

Instagram　@sango_diet24　X（Twitter）　@4ka_san　TikTok　@24diet

ダイエット母《かあ》さん、
最《さい》強《きょう》5《いつ》日《か》間《かん》プログラムで
もっと脂《し》肪《ぼう》をちぎり捨《す》ててみた。
レシピ倍《ばい》増《ぞう》編《へん》

2023年11月15日　初版発行
2023年12月15日　再版発行

著者／にーよん

発行者／山下 直久

発行／株式会社KADOKAWA
〒102-8177　東京都千代田区富士見2-13-3
電話　0570-002-301（ナビダイヤル）

印刷所／大日本印刷株式会社

製本所／大日本印刷株式会社

●お問い合わせ
https://www.kadokawa.co.jp/（「お問い合わせ」へお進みください）
※内容によっては、お答えできない場合があります。
※サポートは日本国内のみとさせていただきます。
※Japanese text only

定価はカバーに表示してあります。

ISBN 978-4-04-606567-4　C0077